移 动 银 行

伯纳多·尼克莱蒂（Bernardo Nicoletti） 著

崔梦婷 刘戈 袁江 译

中国金融出版社

责任编辑：王雪珂
责任校对：李俊英
责任印制：丁淮宾

图书在版编目（CIP）数据

移动银行（Yidong Yinhang）／〔意〕伯纳多·尼克莱蒂著；崔梦婷，刘戈，袁江译．—北京：中国金融出版社，2016.11

ISBN 978－7－5049－8732－7

Ⅰ.①移…　Ⅱ.①伯…②崔…③刘…④袁…　Ⅲ.①移动通信—互联网络—应用—金融—研究　Ⅳ.①F830.49

中国版本图书馆 CIP 数据核字（2016）第 239339 号

出版
发行　中国金融出版社

社址　北京市丰台区益泽路 2 号
市场开发部　（010）63266347，63805472，63439533（传真）
网上书店　http：//www.chinafph.com
　　　　　　（010）63286832，63365686（传真）
读者服务部　（010）66070833，62568380
邮编　100071
经销　新华书店
印刷　保利达印务有限公司
尺寸　169 毫米×239 毫米
印张　12
字数　160 千
版次　2016 年 11 月第 1 版
印次　2016 年 11 月第 1 次印刷
定价　45.00 元
ISBN 978－7－5049－8732－7/F.8292
如出现印装错误本社负责调换　联系电话（010）63263947

目　录

介　绍

世界处于金融危机之中的时间已经很长了，这场金融危机始于2008年，然而它究竟什么时候完全结束却不为人知。在这种情况下，金融机构需要：

- 以釜底抽薪的方式提高金融指标；
- 实施强有力的措施来提高金融机构在市场的地位，并且越来越擅长处理他们动态的、不断变化的社会经济环境，这意味着提高他们的收入以及降低成本。

要做到第二点的一种极好的方法就是变得更加机敏，这意味着金融机构要更加精简并且要使用更多的数字化。更好的方法和有效的技术在正确使用的情况下能够对此有所裨益。

手机对个人、社会以及企业产生了很大的影响。传统上，金融服务在进行创新方面都十分谨慎，但是世界日新月异，正如在一份麦肯锡报告中强调得那样，金融机构越来越意识到对产品、流程、机构以及业务模型进行创新的必要了。

手机是这种创新最好的推动者，金融机构应该以一种前瞻性而非被动的态度看待移动应用程序，它拥有改变机构以及其与客户关系的能力。

移动银行是一种位于传统的基础设施（实体分支机构、ATM、经销商等）定义之外通过使用移动数码设备进行的服务。其他机构同样能够进入该领域，事实上，确实存在一些潜在的新进入者（如贝宝），但是也存在如无线电通讯机构、商家等其他服务机构。

这意味着要占领的市场目前是开放的，正如网上银行所展示出来得那样，初始的进入者将会占领市场，除非进入者无法立即行动。

本书对移动银行进行了分析。首先，本书回顾了金融机构的改革。之后，对移动银行拥有且可能存在的功能进行了深入的探讨。本书涉及移动银行的管理、风险以及矫正，尤其是移动银行所带来的机遇，并推断出了其未来的发展。

本书涉及管理、功能、流程、技术以及观点的结构方面。

作者给出了支持以下论点的论据：

- 为了提高金融服务的收入、降低成本，金融服务在业务进行中必须变得更加机敏且灵活，这意味着金融服务需要变得更加精简并且能够采用越来越多的自动化。以手机为媒介，对新范例、新流程以及新技术成分的采用能够实现收入的增加、成本效率以及管控的增加、创新速度的提升、尤其是业务机敏性的提高。

- 移动银行是一个破坏性的创新，它有助于新市场以及新价值网络的开拓，最终它会通过替代早期的模型继续破坏已有的市场和价值网络（用几年或者几十年的时间）。一个破坏性的创新会用市场出乎意料的方式提供一个产品或者一项服务，一般而言，起先是通过提供一个针对新市场中不同客户群体的产品，之后是通过在已有市场中降低价格并改变企业界以及可能还改变社会模式来抢占市场和改革价值网络。

当汽车第一次被引进的时候，它就如一辆用发动机代替马的四轮马车。最终，汽车被证明是一种完全不同的产品。汽车的设计与规格的更新随着时间的流逝成倍地发展，这个创新的结果不仅是取代了马车，更带来了经济、城市乃至社会不同的体制，该创新的结果是对之前模式的"破坏"。

对移动银行而言，一些相似的情况同样发生于金融服务。以移动支付为例，它不仅仅是手机或者智能电话或者用于支付的相似设备对塑料卡的替代，它们还具有非常大的不同。拥有近场通讯（NFC）的移动支付允许将一些支付卡、积分卡以及在同一设备中的其他功能相互结合，拥有 NFC 的移动电话可能可以替代所有这些设备，它还允许机构使用移动电话作为一种营销工具，通过这个工具，机构有可能会进行推销、发行营销信息、详细列举该段时间花费的价值等。

同时，移动银行趋向于模糊金融机构、电子通讯机构以及商家的区别。

这个新的特征对我们影响颇深。比如，在欧洲欧元区内，SEPA 允许金融服务市场对新类型的机构开放，SEPA 或者单一欧元支付区是指居民、机构、公共管理机构以及其他经济主体在国家内部以及在欧元区中拥有相同条件、权利、义务的国家之间可以用欧元进行支付或者接受支付的区域。支付机构不必是传统的金融机构，他们能够发行支付工具，比如预付卡，但是该支付工具在其他金融领域比如吸收存款中并不活跃。

本书描述了在新产品、新流程、新机构以及新业务模型方面，移动银行是如何帮助金融机构进行改革的，本书从对未来金融机构的想象转到一个可能的策略。从业者应该从策略中进行选择来获得提高，一种极好的方法就是"精简和数字化"。

作者写这本书的目的在于为管理者、咨询者、从业人员、学者以及学生提供有用的建议。

第1章

金融服务的创新

介绍

金融服务产业发生变化的主要挑战在于许多金融机构的保守性，金融机构发生越少变化，他们的执行者感觉越好。因此，一些外界人士才会进行创新：

- 一家荷兰小型金融机构推动了网上银行，它成为了互联网银行的全球领导者：ING Direct。
- 一家过时的邮局在意大利发行了一张预付卡，它成为了一个拥有差不多 800 万预付卡的领导者：Poste Italiane。
- 一个电信通讯员发行了一个使用手机进行人对人（P2P）现金支付服务的设备，它在肯尼亚成为了市场领导者：Safericom。

金融机构是时候要在创新和使流程精简和数字化中做出榜样了，在大部分金融部门中，这样做都可能有利可图，对此的要求很清晰：

- 新产品创新。由于金融机构在本质上是管理信息的，要做到这一点应该相对简单而且不会产生过高的成本。
- 精简。举例来说，对于前来质询的客户，速度是关键。如果一个客户需要抵押或者贷款，那么他/她会立刻想要得到，此时就应该对风险进行管控，并对客户满意与损失规避进行正确的权衡。
- 持续且安全的操作，这应该通过转向基于精简分支、网上银行或者完全移动银行的多通道策略进行。安全性非常重要，它不应该阻碍操作的速度。数字化也可以派上很大用场。在这种情况下，拥有中间部门的机构可以将前台部门的重担移除。
- 后台业务。后台业务应该尽可能地减少，该业务应该进行外包或者转移到国外。
- 出于一些如即将来临的巴塞尔协议 III 等原因，金融机构将需要额外的股本，这些要求意味着大量减少经营成本，从而释放所需的资金。

金融机构的挑战

如今，金融机构面临一些挑战，这些挑战可以归结为六个 C：

- 文化（Cultfure）
  - 以客户为中心；
  - 平衡股东和机构的利益；
  - 变得精简、自动化且灵敏。
- 客户（Customers）
  - 获得授权且高要求的；
  - 复杂且困惑的；
  - 有时是蓄意的。
- 竞争（Competition）
  - 越来越激烈；
  - 全球的。
- 电脑（Computers）
  - 基于新技术；
  - 总是连接到互联网；
  - 可以通过其他设备，比如移动电话。
- 合规（Compliance）
  - 频发的欺诈；
  - 安全性；
  - 提高立法和监管；
  - 治理、风险和合规（GRC）管理。
- 成本（Costs）
  - 大力推动股本回报的提升；
  - 外包增加。

为了克服这些挑战并确保机构的未来，加速这些改变是十分必要的，查尔斯·达尔文曾写过一段著名的陈述：

存活下来的并非是最强壮的种族，也并非最聪明的种族，而是最能够适应改变的种族。

这对动物种族而言是正确的，对机构而言这也同样正确。他们需要创新，他们必须找到更好的方法来处理六个 C。机构需要努力为其客户以及机构自身增加价值、消除损耗并且推动竞争性优势，他们应该按照四个 P 行事：

- 人（people）
- 产品（products）
- 流程（Processes）
- 平台（platforms）

正确的方法应该是基于精简和数字化的，为客户增加价值、改进流程、缩减循环时间以及削减损耗都需要了解流程并且能够对此进行衡量。从理论上讲，在银行业环境中，流程的改进应该相对简单，因为金融机构在过去经常是无效率的，并且他们并没有与复杂供应链相符合的实体产品，更确切地说从本质上讲他们是在管理信息。

金融机构的移动银行新模式

金融服务需要变革，当下的经济和金融危机正是这场变革有利的推动者，危机是受欢迎的，因为它最终迫使金融服务在长时间不变且保守的情况下进行变革。

金融服务的模式也需要进行大规模的改变，这是一个威胁，但同样也是一个很大的机遇，最终金融服务的市场份额会发生翻天覆地的变化。

改变金融机构的成本结构是必要的。比如，在意大利，金融机构对每 100 欧元的资金会花费 125 欧元的成本，股本用来填补其中的差价。

改变这一比例，将其降低到 100 ~105 欧元是十分必要的。为了实现这一目标，通过服务来使收入增加并大规模降低成本是必要的。

为了应对这些挑战，有两种可能的方法。一种可能的方法就是通过出售资产来减少营运资本，一些金融机构采取了这种方法，看起来这并没有缩小很多的空间。另一种方法就是降低营业成本占营业收入的比重（所谓的成本收入比，一个简单的效率指标）。在 2008 年，意大利的银行业仍处于 1984 年的水平。

这是正确的诊断，但并不是治疗的处方。对金融机构究竟可以怎么做才能实现降低成本的目标进行分析可能会十分有趣，移动银行是最令人关注的解决方法之一。根据标枪战略研究公司发表的报告，移动银行仅仅在美国就能够带来 15 亿美元的额外节省。通讯客户常常成为有价值的客户，从一个极端来说，他们富有且年轻，从另一个极端来说，他们贫穷且无银行账户，这两种极端的客户都对创新的金融机构的产品和服务有兴趣。

为了在如今能够成为一个可独立发展的竞争者，金融机构不得不提供强有力的移动银行服务。

营销分析变得非常重要。随着移动银行渐渐走向成熟，金融机构需要对其提供的服务进行改造，从而满足客户的期待并加速发展。移动银行想要达到成熟需要关注以下几个方面：

- 通过增加功能来满足客户；
- 通过增加保障来保护客户；
- 变得有效率且合规；
- 增强解决方案。

尽管这些方面相互交错，但是每一个方面都有其自身的复杂和挑战。接下来的一章将会对每一个方面进行详细的探讨，而下面的部分将会对这些方面进行更加详细的描述。

通过增加功能来满足客户

如今让客户满意并不容易，对金融服务机构的要求非常高。事实上，仅仅让客户满意并不够。在竞争中让客户满意很重要，尤其在移动应用方面，客户渐渐习惯了其在类似谷歌或亚马逊中可能获得的体验，这也是客户渴望从金融机构中获得的服务。另一方面，客户希望从所有的金融服务渠道获得同一水平的服务、保障以及便捷，这些渠道包括移动、线上、分支机构、电话或者 ATM。

但是这种体验并不足够，因为客户还必须能够时时接触到金融机构，金融机构必须要比以往更加快速、更加有效地提供服务。移动应用程序会提高客户的预期使得金融服务的特色和功能不断提高，而且金融机构能够廉价地提供这些服务。如果客户在一年内并没有看到应用程序的特色或者多样性得以更新，那么他们有可能会寻找其他的机构，从而获得一个不同或者更加令人满意和高端的体验。

使客户满意还需要新的服务流程。金融机构客服中心、服务中心以及分支机构的职员需要对移动特征、功能以及设备有所了解，以便他们能够有效地服务客户。训练职员使其能够鼓励客户使用有效的、低成本的新型移动服务——同样可以帮助他们解决问题——这对增加新技术的普及率非常关键。

通过增加保障来保护客户

金融机构不得不平衡其开发新特色与保持交易和数据安全性的步调，因此金融机构被迫对移动银行采用与其他渠道相同水平的审查和严苛，这些渠道包括 ATM、网上银行、分支机构等。

如今，移动银行可以运用的硬件设施和操作系统还处于各自相对薄弱的阶段，要确保其他渠道具有相同水平的安全性并不容易。随着新交易媒介变得越来越普遍，大量黑客开始对新媒介进行攻击。因此，金融机构需要加强预防和监控战略，从而减轻出现的威胁，提高客户信任度。

其他需要注意的关键服务是欺诈和反洗钱活动，移动渠道在这方面可能更具有挑战性。金融机构如何对移动支付或面对面支付可能产生的欺诈进行监控与其对其他欺诈行为进行监督可能并不存在非常大的区别。毫无疑问，移动媒体会推动欺诈行为的产生，金融机构需要仔细监督这些行为。

举个例子，考虑一下一个客户电话被盗所发生的情况。客户是否会在第一时间通知金融机构或通讯机构？对这些情景进行预期并准备相应的补救措施对提供移动服务的金融机构非常关键。

有效率且合规的金融机构

越来越多的大型金融机构的客户开始使用网上银行；虽然如此，仅仅有一小部分的客户使用移动平台，如果将这些数字在金融机构损益表中展示，他们在整个业务中仅仅占据了一个相对较小的比例。

要计算移动银行的成本收益并不容易，但是移动银行的价值已经得到了广泛的认同。考虑一个简单的例子：储蓄在分支机构或者 ATM 进行交易的成本显而易见，如设备、工资等，而通过移动平台进行同一笔交易所产生的费用与前者相比较少。

随着移动银行交易量的上升，财务收益越发明显，这使得金融机构有可能更加容易地评估新渠道所产生的收益。

使客户快速从传统渠道转向移动渠道是出于金融机构最大的利益。营销活动可以通过对机构、客服中心、发表声明的职工进行培训等手段来提高客户的认知度，使用如通过视频展示出如何使用移动应用程序或社会网络的快速反应（QR）码这种较新的方法也十分令人关注。

金融机构在面临来自包括新兴企业和小型金融机构在内的其他机构的竞争时，更需要向更新的、更好的移动银行发展。由于这些机构的规模使其更加灵敏，移动和数字化服务的使用激励了私人客户和新兴企业在不同的机构中进行转换。出众的移动服务能够捆绑一些其他产品——无成本卡或是拥有更高储蓄利率——从而诱惑客户转换机构，这使得小型的市场参与者能够在储蓄、手续费以及银行收入的其他传统渠道产生收益。

增强解决方案

金融机构目前要解决的挑战是如何整合服务和体系并使其透明，从而使得正确的人能够在正确的时间和地点从任何渠道的正确应用中获得正确的信息。

由于数据储存和报告的电子商务、移动设备以及监管要求的扩张，金融机构获得的数据量发生了大幅增长，移动设备能够捕获比传统交易更多的数据。如果使用者允许，一个移动设备就可以展示出：

- 他们在哪儿；
- 他们在做什么；
- 他们正在使用何种设备；
- 他们已经完成了哪些研究；
- 他们建立了哪些联系；
- 他们在其他网站上进行了哪些浏览行为；
- 与交易相关的一些事物；
- 使用者在行动之前访问交易网页的次数；
- 等等。

所有的这些都是除了金融机构通过传统渠道获得的关于客户的其他信息之外的。

通常而言，所有的这些数据并不位于同一地方，金融机构无法将数据整合成可以立刻获得类似客户最紧迫的需求等信息的形式。要做到这样，整合数据的能力是非常复杂的，它需要确保数据的安全性不受到危害，并且所有必要的保护措施都是合规的（尤其是在数据隐私方面），能够为客户使用新的渠道提供信心。

金融机构现在所需的是一个能够整合数据并实时分析数据的体系，通过该体系，金融机构能够预料其客户的需求并使该需求得到满足。金融机构还需要有能力对其应用程序进行快速的、便捷的、高成本效益的更新，这需要拥有强大的、有效的数据分析能力。

金融机构所面临的在创新方面的竞争促使周转时间加快。例如，存款应用使客户能够通过智能手机或是平板电脑了解账户状况。一旦该应用被采用，其他金融机构就不得不以相似的技术来应对，否则就有可能面临掉队的风险。

瞬时应对的能力需要金融机构具有前瞻性，要清楚其在未来的定位。金融机构的体系应该围绕其灵活性展开，同样应以其组件为基础。移动设备自身就是一个例子，一些金融机构对每一种移动设备都有不同的技术解决方案：Windows 操作系统、黑莓、IOS、安卓等。每次采用一种新设备就会开发一种新的解决方案，每次增加新的特性时，每种类型的设备都会进行单独的升级。相比之下，一个基于组件、不会过时的体系是一个独立的平台，它适用于全部类型的可用设备。一个基于组件的体系能够：

- 减少复杂性和开发成本；
- 缩短上市时间；
- 使金融机构对流程有更多的掌控；
- 确保数据和安全方面有较少的缺陷。

金融机构还要考虑的其他技术和业务：

- 如何评估新的、未经审查的机构；
- 如何对新的监管进行预期和回应；
- 是否要建立、购买或者与其他机构合作进行智能商务生态系统。

尽管金融机构拥有许多关键的优势和能力，但是他们可能也需要联合其他伙伴，从而能够进行有力的竞争，这取决于他们的雄心。

一家金融机构对允许使用其他金融机构所提供的移动支付服务越抵触，其开发自己的移动支付系统的愿望就越强烈，他们可能会与一家技术机构进行合作，从而缩短上市时间。

重点在于金融机构需要具有创新性的职员、产品、流程和平台来对能够吸引客户、竞争市场并获取投资回报的移动银行进行操作。

金融机构在不久的未来：进化还是循环

移动银行是一个带来许多交易的巨大机遇（见图 1.1）。根据标枪战略研究公司发表的报告，从 2010 年开始，客户到分支机构去的次数降低了 10%。金融服务机构应该大力推动通过移动设备进行支付的服务，这可以通过提供警报、建议或机会等来实现。

移动银行有助于降低成本。随着移动金融机构数量的增加，客户到实体分支机构的次数降低了，在未来，客户去实体分支机构的次数不会超过 30%。与此同时，移动银行的使用会增加相同的比例，这会带来成本的大幅缩减，从去分支机构花费的 4.25 美元减少到使用移动银行花费的 0.10 美元。

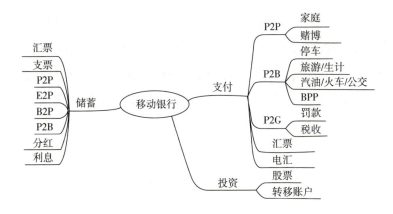

图 1.1 移动银行的一些功能

这意味着分支机构数量以及其不同配置的大量缩减。如果客户去分支机构仅仅是为了获取金融建议和咨询，那么分支机构就没有必要设立在街道中了，分支机构就有可能会搬到办公楼的上层，或者甚至是搬到较远的地方并通过电视电话或简单的电话进行联系。

移动银行可以为金融机构做出更多。移动银行需要对每一个客户关系进行量身定做，向这个方面努力的金融机构将会获得巨大的竞争优势。从大众银行转向私人银行是必要的，为了实现该转化，金融机构需要了解每一个客户的需求以及清楚如何满足这些需求。当然，金融机构无法支付如今私人银行所产生的那些成本。

降低大众私人银行成本的需求将会日益增加，大众私人银行听起来似乎是矛盾的，但是现代技术使其能够共存，尤其是大数据技术可以帮助更好地实现这一服务。大数据是一种处理多变的（有条理的或松散的）数据以及/或者数量非常多的数据的一种先进方法，尤其是它提供了加快使用数据速度的可能性，下一章节将会在这一方面进行详细的阐述。

智能手机化

全球 Aci 与 Aite 小组的一个研究分析了 2012 年第一季度的移动支付市场，该调查包含了 14 个国家的 4200 个客户，调查结果如下所示：

- 全国使用移动支付的范围从中国和印度大约三分之二的客户到法国和加拿大稍稍超过十分之一，每个国家使用移动支付的客户平均为 35%；
- 在所调查的 14 个国家中，移动银行的使用高于移动支付的使用，移动银行的平均使用率为 45%，印度在 14 个国家中拥有最高的使用率，为 76%；
- 拥有最高移动支付使用率的国家的居民对移动支付和现金交易最为看重，在所研究的 7 个国家中，所调查的至少三分之二的客户对用移动电话替代支付卡感兴趣；

- 在全球范围内，Aci 和 Aite 公司将一部分客户称之为"智能手机化"客户，他们推动了对移动支付和移动银行的需求。智能手机化的客户在不同国家的分布差异很大，印度拥有最高的智能手机化客户比率，接着是南非。德国、法国和加拿大拥有较少的智能手机化客户；36% 的 Y 世代人（译者注：Y 世代指收入高而消费精明的 1981 年到 2000 年出生的美国人）是智能手机化客户，几乎三分之一的 X 世代（译者注：X 世代是指被隐喻为"被排挤的世代"的 1961 年到 1971 年出生的美国人）的人属于智能手机化客户，仅仅 18% 在"婴儿潮"时期出生的人以及 6% 的年长者是智能手机化客户；

- 智能手机化客户与其他客户在移动支付和移动银行方面的行为拥有很大的不同。在过去的 6 个月中，70% 的智能手机化客户使用其移动设备进行支付，80% 的智能手机化客户使用移动银行，而少于四分之一的其他客户进行了移动支付，三分之一的其他客户使用移动银行进行交易；

- 智能手机化客户由于其变动的行为而变得很重要，他们对于移动银行的后来使用者如何运用移动银行提供了一个模型；

- 智能手机化客户引导了美国脱离使用现金的浪潮，几乎三分之二的美国智能手机化客户说他们比三年前使用更少的现金。对于其他客户，大约一半的客户使用更少的现金。

新传输渠道

移动银行拥有巨大的潜力，但是它应该成为金融机构更广泛的多渠道战略中的一环，这个战略应该包含所有能使金融机构提供服务的不同渠道，通过这些渠道，金融机构能够提供类似下列这些服务：

- 前台服务，比如分支机构和创办人；

- ATMs 和 POSs；

- 电话金融服务；

- 交换服务；

- 交易服务；

- 移动银行；以及

- 网上金融服务。

非传统传输渠道开启了新篇章：

- 感谢技术整合，绝大多数的功能性操作都应该对所有渠道进行标准化和公众化，这些功能性操作包括用户界面、流程。大多数金融机构已经实施了多渠道整合操作，以便提高客户体验。忽略其生命周期阶段，金融服务整合功能可以在多渠道展开。

- 在渠道平台层面的技术工具的精密程度已经达到了一个比较高的水平，这是通过一系列用于业务流程管理、客户关系管理、决策管理以及核心金融服务平台的功能性产品实现的。这些工具类似 Java，网络技术可以通过利用类似 Adobe Flex 和微软银光等工具识别丰富的客户平台。

- 为了使工作流程数字化和最优化而进行的自助服务使得几乎所有与零售金融服务、商业和私人银行以及支付系统相关的服务都实现了自动化，为了使客户能够自己操作几乎所有其需要的银行活动，"自己动手干"的功能也得到了快速的提升。

- 正如企业服务一般，一些功能性活动如今外包给了一些合作伙伴，这一趋势正在加强，预期其会与云计算传输模型十分吻合。

结论

对这一章节进行总结，重点在于分析金融机构在移动银行方面所提出的可能的策略。

Michael Porter 提出了一种包含了三种一般战略类型的分类体制，这三种战略通常被企业用于实现和维持竞争优势。这三种一般战略是通过两个层面进行定义的：战略范围和战略能力。战略范围属于需求层面，着眼于企业目标市场的规模和构成。战略能力属于供给层面，着眼于企业能力或者核心竞争力。特别是，Porter 指出了他认为最重要的两种能力：产品差异和产品成本（效率）。

Porter 将可能的最好战略简化为三个（见图 1.2），它们是：

- 成本领导；
- 差异；以及
- 市场分割（或者力量）。

市场分割在市场范围中相对狭隘，而成本领导和差异则在市场范围中相对广泛。

金融机构可以采用这些战略中的一种或多种来开发移动产品：

- 成本领导要求一个只提供基本服务的基本产品，较低的价格可能可以使得一定数量的可选择服务变成现实或者可以增加仅仅只用移动银行的客户的利率。
- 差异策略要求开发独特的性能，从而能够进行高质量的传输。比如，它们可以是直接挂钩的，即通过使用智能手机的照片功能将支票读取到移动银行中。
- 分割策略要求针对市场的某一特定部分的客户开发移动银行模型，比如中小型企业。

低成本战略在长期失效。此外，一般而言，该战略需要占有较大比例的市场份额，这对于新的进入者而言几乎是不可能的。

在中期，制胜战略是分割战略。理想情况是市场中的一部分：换句话说就是完全用户化的移动银行产品，它并不需要花费大量的金钱就能够完成，技术对此有所帮助。

大数据就是答案，使用大数据对一个客户进行洞察是必要的，通过大数据可以分析其行为、观察其社会网络。换句话说，目标就是所谓的

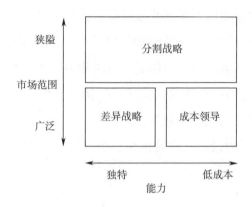

图 1.2　Porter 的一般策略模型

"大众私人银行"。也就是说，为大众建立私人银行是目的所在，这需要使用精简和数字化方法，即有必要尽可能地精简移动银行的流程，同时，在精简的流程中尽可能地使用自动化也是十分重要的。所有应用程序背后的引擎将会是大数据引擎，它能够处理五个 V：数量（Volume）、速度（Velocity）、多样性（Variety）、精确性（Veracity）以及客户的价值（Value of the customers）。

大众私人银行是非常棒的，因为它允许在商家和电信公司参与的情况下建立一个围绕着移动银行的生态系统，它使得广告或者用户忠诚点能够个性化。

下一章将会集中介绍通过移动渠道所提供的这些服务。

第2章

移动银行

介绍

本章主要的焦点在于对移动银行背景下的客户行为进行更详细的阐述。

一些调查表明，客户在使用移动银行时存在正面价值和负面价值。与移动银行相关的最主要的正面价值是存在可以无论何时、无论何地地使用服务的可能，这使得在消费服务时能够立即行动且节省时间。另一方面，键盘和设备展示是移动银行使用时最明显的阻碍。

本章致力于：

- 对推荐用于开发/提高移动银行的精益和数字化方法进行阐述；以及
- 利用精益和数字化方法建立一个可能更好的移动银行模型。

以精益和数字化方法进行银行业务：移动银行

自 2013 年底，移动电话的数量就多于全球总人口，美国联邦储蓄委员会的一份报告（2012 年 3 月）指出在美国，21% 的移动电话拥有者在之前的 12 个月中使用了移动银行。美联储报告 48% 的智能电话拥有者在 2012 年使用了移动银行（比前一年提高了 42%），21% 的移动银行使用者利用其移动设备存放支票账户（是前一年的两倍）。快速浏览这些数字之后，我们可以看到尽管智能手机增长缓慢，但是移动银行的采用率已经开始腾飞了。

三分之一的移动手机使用者说他们可能会考虑通过其移动手机进行一些类型的金融交易，大多数的使用者都对进行基本交易感兴趣，比如查询账户余额以及进行分期付款。

在一些拥有有限的基础设施且人们难以去金融机构分支的国家（如肯尼亚、澳大利亚等）中，移动银行使用率的增长是非常惊人的。比如，在肯尼亚，有 1700 万人使用 M－Pesa 服务来进行人与人之间资金的转移。

基于福瑞斯特研究公司的调查，移动银行主要吸引的是年轻人以及更加"精通科技的"客户群体。事实上，这一代人统称为 m 世代，m 代表移动（mobile），对智能手机的狂热被称之为智能手机化。

移动银行可以在更大范围的客户中获得成功，使用移动银行来进行银行活动有以下几个优点。主要的优点是便捷性，因为移动手机几乎总是在客户手上或者身边。另一个使用移动电话的原因是成本，因为利用电话进行交流通常而言是非常廉价的，在拥有一些电信套餐的情况下，所有的通信量都涵盖在了运营商费用中。

从金融机构的角度而言，移动银行的主要优势在于降低成本，因为它能帮助这些机构精益和数字化。

客户使用移动银行主要的担忧在于安全性和手机的可操作性（存在一些不同的系统如 IOS、安卓、黑莓、Windows 8 等）。针对这些担忧，存在一些解决方法，一个好的咨询者可以提供很大的帮助。云计算是克服这些劣势极好的方法，尤其是在确保对保证客户满意度非常关键的有效性和可靠性方面，下面的一章将会对这些方面进行研究。

金融机构和客户非常关注移动银行。金融机构要开发移动银行需要一些时间。首先，有必要先进行初步研究。其次，有必要开发程序并将其在市场上进行试运行。最后，应该通过极好的市场活动来推出新的服务，所有的这些活动可能需要 6 个月到 12 个月。对于一个金融机构而言，这将意味着从决定开发这个项目开始要花费大约一年的时间开发程序。其他金融机构可能会提前开发相似的程序，从而在市场上抢先获得收益。正如 ING 案例中，如果一家机构能够抢先占领市场，那么该机构就能够在甚至是传统领域之外的范围内占领更大的市场份额。现在是时候开发或是改进移动银行了。

精益和数字化方法

开发或改进移动银行的道路可以描绘为精益和数字化方法，这本书提及的许多案例研究涉及如何在金融服务中应用这些方法。

如今，每一个组织（尤其是金融机构）都必须努力去满足客户对产品和服务的需求，这些需求与产品和服务的质量和价格相关，机构需要在降低生产成本的同时也要减少提供服务的时间。为了达到这些目标，着眼于流程改进是非常重要的，而推动流程改进最有效的方法就是精益思想和六西格玛方法。然而，这些方法并不总是能够解决一些重要的问题：

- 这些方法也能覆盖流程管理自动化吗？
- 信息技术和远程通讯是如何支持精益六西格玛方法，而非阻碍该方法？

精益思想和六西格玛方法主要考虑了实体流程和结构性流程的分析和随后的最优化，该方法并没有考虑自动化管理的研究以及信息系统和远程通讯网络在实体活动和结构性活动中的相互作用。一旦对实体改良和机构性改良进行了规定，那么自动化将会与流程管理产生冲突，因为在这些系统中存在约束，这是潜在的风险。

另外，只有对新流程进行合理化和重新设计，有效地、有力地、经济地开发或者提升自动化才有意义。如此，金融机构能够实施增加自动化价值的活动。就经验而言，50% 的流程改进是独立于自动化的，而剩下的 50% 则需要自动化，这一比例不断变化，自动化变得越来越重要。

为了获得最有竞争力的优势，利用精益思想和六西格玛方法对自动化和改进进行整合是至关重要的，这尤其是对近几十年生产力并没有提升的金融机构而言。因此，从所有的观点来看，整体分析对整合并改进流程很重要，这些分析应该是：

- 完整的、可操作的；
- 有结构的（通过使用六西格玛方法）；
- 以增加客户价值的需求为动力（与精益思想的方法相符）；
- 不限于一个特定的部门，而是考虑端对端流程；

- 基于自动化来增加精益六西格玛改进所带来的收益，并合理使用信息系统和远程通讯。

我们已经将这种方法定义为精益和自动化，下一部分将会对此进行描述（见图2.1）。

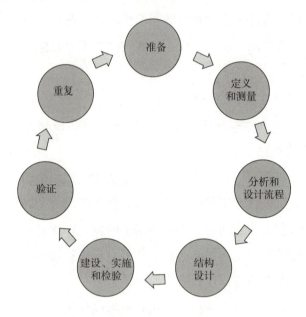

图2.1 精益和数字化方法

在机构、质量管理以及机构支持（比如电信机构、金融或者操作）中所有相关领域的紧密合作中，运用这种方法和其工具是非常重要的，如此，新举措并不用于解决特定的问题或挑战，而是成为机构文化的基石。

如何利用精益和数字化开发一个移动项目

精益和数字化方法很重要，因为一个移动项目需要包含所谓的四P：

- 产品或服务（Products or services）
- 人（People）

- 程序（Procedure）
- 平台（Platforms）

精益六西格玛可以处理前三个方面，而数字化可以解决最后一个方面。

精益和数字化移动项目的宏观阶段为：

- 宏观阶段 0："准备"。首先，一定要确定客户、股东以及职员的需求，一定要考虑竞争对手的挑战并保证合规（比如法律和法规）。在这个宏观阶段中，一定要确定愿景，从而解决在移动项目中（如果必要的话，则是在整个机构中）所产生的效力、效率、经济以及流程质量问题。基于该愿景，一定要制定战略，从而制定项目计划并确保流程能够执行以及/或者改进。

- 宏观阶段 1："定义和测量"。移动项目的宏观阶段 1 的目标在于精确识别该流程中的问题，从而能够高度理解已有移动项目的情况以及必须要面对的挑战，以便使得/提高移动设备在银行体系中的使用。

- 宏观阶段 2："分析和流程设计"。宏观阶段 2 着眼于采访和研讨会，以便对技术和业务的要求进行深度的探讨并且对战略和操作层面进行分析，从而能够对现在的绩效水平和最终目标有更好的把握。

- 宏观阶段 3："结构设计"。宏观阶段 3 是进行评价或评定，小组基于之前的分析确定一系列的改正措施并对其进行优先排序。在这一宏观阶段，有必要制定出发展蓝图，从而实现项目的目标以及对该目标进行优先排序。

- 宏观阶段 4："建设、检验和部署"。宏观阶段 4 关注于移动服务的实施和整合，将足够的注意力放在安全结构的部署以及操作、管控和维护新移动银行服务的管理上是很重要的。

- 宏观阶段 5："验证"。宏观阶段 5 是最重要的一个阶段，它的基础是提供不变且持续的改进，以保证移动战略得以持续满足不断变化的股东需求。

- 可选的宏观阶段 6："重复"。最后，有必要考虑将该措施延伸到机构的其他团体中（正如法国巴黎银行正在与其全球不同的子银行所做的那样）或者用于对相似产品和服务的开发中。

移动银行概念模型

移动银行涉及在移动电讯设备的帮助下对银行和金融服务的提供和使用，服务的范围可能包含存储交易或者个人投资、管理账户以及使用个性化信息。

移动银行涵盖了三个相关的概念：移动会计、中间人业务和金融信息服务。

会计和中间人业务范畴中的大部分服务是以交易为基础的。而以非交易为基础、以信息为本质的服务对于管理交易而言是必要的，比如，客户可能在进行汇款之前会查询余额，所以会计和中间人业务服务总是与信息服务一起提供。另外，信息服务可能也会作为独立的一部分使用。

移动银行：客户的声音

根据精益和数字化方法，在开始一个提议时，第一步骤应该是听取客户的声音（VoC）。

在过去，金融机构非常有限地阐述了移动银行的潜在用途。最初，移动银行的执行是通过传送短信息服务（SMS）完成的，大多数情况下，传送是单方向的：从金融机构向被动的客户传送。自那之后，许多金融机构开始将个人电脑（PC）银行业务向移动电话银行业务发展。事实上，对于平板电脑，一些金融机构建议客户简单地通过手机浏览器来使用网上 PC 银行。

这些阐述都十分有限。利用移动电话真实竞争优势的移动银行可以产生巨大的利益，移动银行的一个好处就是可以随时随地使用应用程序，因为对于个人而言，移动电话非常重要。因此，该渠道的特性就是能够为金融机构随时随地提供信息。移动银行另一个与众不同的特性是将手机上可以获得的多个服务和功能进行整合，比如定位、照相和图像处理、声音处理、光学字符辨识（OCR）、遥控等。

移动银行的以下优势是最重要的：

- 传统银行将不同的功能进行了分离：储蓄和支付具有不同功能；交易与企业银行不同等。对于移动银行而言，这种分离不再有意义。客户如今可以使用他们的移动电话来管理他们的储蓄，并且由于近场通讯（NFC），客户同样能将其移动电话用作支付设备，而且能够进行任意其他的银行交易。

- 只要客户愿意，移动电话还能当作许多"卡"来使用，因为这些卡都是虚拟的，它们可以是借记卡、信用卡或者预付卡，还可以是优惠卡和识别卡。

- 同时，移动电话还是一个通讯设备，使用者可以通过语音、聊天或者短信信息和视频与金融服务话务员进行交流。

- 由于全球位置测定系统（GPS），移动电话可以告诉使用者最近的自动柜员机（ATM）或者金融机构分支的具体位置。

- 客户能够利用移动电话进行账单的查询和支付。

- 客户能够购买博物馆的门票、电影票、车票等，将移动电话用作访问控制系统。

Netbiscuits 发布了他的一项关于移动网络的客户行为的研究发现，该调查涵盖了 5000 名客户的反馈。Netbiscuits 发现手机应用最大的差异存在于发达市场和新兴市场中。所调查的 10 个国家中的 8 个国家的参与者认为操作速度是其移动体验中最重要的因素，额外的两个国家是英国和澳大利亚，这两国的参与者认为安全是最重要的因素。在美国，提高用户移动体验的前几个影响因素为快速的下载（59% 的参与者）、与个人网上银行拥有相似的体验（39% 的参与者）以及便于使用（36% 的参与者）。

荷兰公司 ING 为了更加理解移动银行使用者的需求和渴望，调查了 12 个国家的 11000 名客户，调查结果显示客户非常愿意利用其移动电话管理与其金融机构的关系，大部分是因为通过这种方法，客户能够更快地获得银行服务。

ING 调查表明移动银行可以为客户带来巨大的收益。事实上，能够从移动设备中进入账户使得客户对其账户有更多的掌控。甚至更重要的是，它使客户出现亏空的概率变得更小。

根据 Consorzio Bancomat 关于"多渠道银行"的第七份年度报告，意大利拥有大约 1070 万的网上金融机构账户。根据这份调查，超过十分之七的所调查的意大利人声称由于移动银行，他们对其账户有了更多的掌控。超过十分之四的客户相信通过使用移动银行，他们能够节省更多的钱，通过使用手机，他们更加频繁地进入账户。

为何移动银行很符合意大利客户的胃口？一些原因在于移动银行能够控制其账户余额（61%）并能够支付账单（14%），而这两个比例在欧洲分别为 52% 和 24%。

客户还很喜欢服务的灵敏性以及可以避免在分支机构中排队的时效性。事实上，44% 的反馈者说移动银行可以节省他们的时间，十分之二的所调查的意大利人利用移动银行来简化其银行活动的报告并更好地管理其财政。

移动银行的使用者还提到他们利用社会网络（Facebook 和 Twitter）来关注其金融机构的动向，其目的在于发现一种渠道使得其能够在无须去往分支机构或者等待话务员的情况下与机构进行交流。社交账户的持有者喜欢收到一些关于如何以可能的最好方式进行消费、储蓄或者投资的技巧。

客户希望通过移动银行在特定的服务中与金融机构进行更多直接的交流，比如，

- 警报系统来通知他们一些应付账单；
- 通知他们其账户已经或者接近亏损（48%）；
- 与金融机构的联络中心取得直接的联系（47%）；
- 对如何管理其储蓄提供建议（46%）；
- 使用社交网络作为支付渠道的能力（正如对等功能发生的一样）。

移动银行还具有社会价值，残疾人或者具有有限移动能力的人都可以使用移动银行，由于老龄化问题，这一优势也很重要。

移动银行的价值

精益和数字化方法要求将一种文化、一个方法和一组工具引入机构来提高产品和流程的价值。如果移动银行成为不同利益相关者的价值来源，那么移动银行会成为银行业创新的重要因素，不同的利益相关者比如：

- 第一层面
  - 寻求能够随时、随地用任何设备进行购买的客户；
  - 寻求新的模型来宣传电子银行的金融机构（比如维萨、万事达信用卡、美国运通卡）；
  - 为其客户寻求新的价值增值服务的电信商。
- 第二层面
  - 寻求优化流程和改进客户服务的商家；
  - 寻求降低成本、提高居民服务以及打击逃税漏税的公共行政管理机构；
  - 寻求增加其支持者的生活水平和经济水平的社区。

客户的价值

移动银行对客户的价值取决于运营商（可以是金融机构或是商家）利用移动银行所有可能的功能的能力，服务应该：

- 更快，比如通过减少在分支机构排队的时间，或者完全避免为支付一个产品或服务排队的时间；
- 较其他渠道更加便利，比如能够提供一个机会使客户无须去往经销处就能够重申保险，并且直接在公交车上使用手机购买车票。
- 更易使用，比如通过鼓励客户随时随地在促销时进行购买；
- 更廉价，因为它需要更少的工作和成本。

一般而言，客户从移动银行中可以获取的价值比其在移动手机中获取的好处要多，比如移动银行能够提供两种类型的服务：

- 涉及银行的服务，移动手机有助于提升储蓄、支付和投资体验，比如
  - 在排队等待的时候下订单（正如如今星巴克所做的那样）；
  - 通过数据分析控制支出；
  - 收到和使用电子优惠券；
  - 将手机用作优惠卡并自动累计积分；
  - 与朋友分享对运营商或者产品/服务的看法。
- 并不紧密涉及银行的服务。一个 NFC 移动手机可以变成一个企业徽章或者 ID 卡，或者成为商店里的自助结账系统。移动应用可以在类似支付账单或重申债券等方面提供帮助。

金融机构的价值

对于金融机构而言，移动银行提供了一个降低成本、增加电子现金的使用并提升中介费用的机会。

对于金融机构，考虑移动电话所带来的在客户关系方面的价值是很重要的。所谓的肆无忌惮的（OTT）运营商（比如谷歌）可能会进入该市场，这会使与客户关系的质量存在下降的风险，该质量主要是针对信任和稳定方面而言。这些运营商的历史经验清楚地表明这些群体是如何垄断与终端使用者的关系的，他们从未采取过随和的行为，相反，他们采取攻击性的、经常是破坏性的战略来对抗现有的市场参与者的业务模式，有时甚至会将其打压到增值较低的服务提供者那里。

电信商的价值

电信运营商（telco）遭受了收入的大幅下降（竞争增加、统一费用的转换、SMS 使用的下降等），因此，他们非常渴望开发新的业务（比如，通过使用 NFC 遥控能力提供服务），从而获取新的收入来源。移动银行是电信运营商的另一个来对"移动手机"所产生的竞争平衡进行重新划分的机会：过去是由电信运营商掌控，但是被其他群体所包围。

商家的价值

商家——比如商店、食品市场、烟酒商店、电影院、交通机构、自动售货机运营商、饭店老板、电子商务运营商是移动银行传播中的关键一环，尤其对所有类型的移动支付而言。

一方面，商家通过开发应用程序或通过改变商店的技术和流程来投资移动支付并支付相关交易手续费的倾向取决于对其收益的了解。另一方面，移动银行用户的许多收益取决于商家将这种创新转移到更好的服务或更低的价格的能力。商家对移动银行价值的正确认识是传播服务和实现相关利益者的全部收益的一个决定因素。

对于移动支付，商家有四个主要的潜在收益来源：

- 现金管理成本的降低，包括记账成本、现金成本、可能发生的过失以及丢失、被盗、抢劫的风险。处理现金的成本从烟草商销售量的 0.5% ~ 1% 、超级市场的 1% ~ 2% 到自动贩卖机运营商的 15% 。

- 更短的支付时间使得商家缩短了服务的总时长、降低了销售损失的风险以及/或者在一定服务时间内发生的经营风险。较之现金和传统银行卡的支付时间，该支付时间可以缩短 5 ~ 30 秒，它对服务绩效产生的影响要高于采用率的增加。由于收银台数量的减少最后的收益来自于成本的降低（1% ~ 2% ）。

- 流程和文件的数字化，从付款凭单的管理到接受服务凭证的管理，商家可以处理更少的纸质文件，并提高操作中的安全性。

- 时间和空间的无处不在使支付可以随时随地进行，因此移动银行提供了一个购买/支付渠道，在某些情况下，它就可能带来独一无二的体验或者为客户节省一些钱。

许多商家——有一些显著不同地——令人遗憾地对移动支付并不感兴趣，他们并没有进行特定的分析或是对其流程产生量化的影响，他们认为客户大部分会抵制这次创新。

一些运营商已经研究出了关于移动忠诚度的解决方案，并在较小的程度上研究出了移动优惠券的解决措施（比如 Conad，TotalErg，Marcopolo Expert，Mediamarket，Prenatal 等）。许多商家已经表明其对移动支付的潜力有浓厚的兴趣。在国际层面，移动支付的程序相对较少，但数量不断增长（比如，在法国卡西诺赌场的许多商店或者苹果公司自营店都可以进行易生支付（EasyPay））。在意大利，欧尚已经对移动支付进行了非常令人关注的应用。

商家价值最主要的来源在于拥有以下特性的移动优惠券和移动忠诚度：

- 用户化；
- 及时；
- 无实体化；

- 流程自动化；
- 增强接触客户的能力。

公共行政管理机构的价值

公共部门作为一个操作人员，负责各种交易：税务、罚款和费用，以及医疗和教育服务，在一些国家也包含征收电视许可费。公共行政管理机构开始接受通过手机进行支付，要么是在公共行政管理机构的办公室内通过无线 POS 机，要么是远程支付（支付地点更贴近手机使用者，比如罚款或者应付税金）。

最重要的是为了所谓的智能城市而开发的附加服务的比重、增加电子政府项目的移动成分以及大幅降低操作和配送成本。

移动银行的使用有助于降低针对逃税漏税的黑市交易的数量，并在黑市交易更多的微小交易方面发挥积极作用。

社区的价值

除了以上所探讨的，考虑移动银行的社会价值也是很重要的（如今在全世界的一些国家中它已经产生了社会价值），这的确也是一个移动银行重要的成功之处。有必要时刻记得金融机构、客户和社区是三个独立且紧密联系的行为体。

移动银行和移动支付拥有对那些无银行账户以及那些未得到充分金融服务的人扩大其金融服务接触面的潜力，它可以通过降低交易成本以及增加金融产品和服务的接触面实现。

移动银行有助于促进和维持小额贷款，这是发展中国家经济的一个重要方面。小额贷款和移动钱包通过为那些工薪较低的人提供一个安全网来降低其脆弱性，无论那些人是为别人打工还是自己经营。

针对这一方面已经有一些初步成效。比如，Grameen 基金会投资了穆索尼肯尼亚——世界上第一个百分之百移动小额贷款的机构——从而将移动金融服务扩展到贫民中，尤其是那些生活在边远郊区的人们。在肯尼亚访问期间，Grameen 基金会的主席 Alex Counts 在 Juja（距离肯尼亚首都内罗毕 22 公里的一个小镇）与一群穆索尼客户见面，他们的经历展示出了一个令人兴奋的希望——移动金融服务能够服务于边远的群体。尽管肯尼亚仍是这一领域的佼佼者，但是新兴世界的其他国家对移动金融服务的兴趣正与日俱增。

移动银行的关键成功因子

一旦收集了客户的声音，精益和数字化方法要求规定成功的测量方法：关键成功因子。分析过去所开发的一些极好的模型以便检验计算机技术的接受度和技术接受模型（TAM）的利用率是非常有趣的，现今许多的研究采用了技术接受模型来探究互联网和移动相关技术的接受度，比如移动支付、移动银行以及移动商务。TAM 的评估是基于一个假定：采用率以及新技术的使用的重要决定因素具有：

- 有用性认知（PU），它表示了人们对于使用一个特定的体系将会提升他们绩效的认知程度，PU 的测量包括绩效增加、生产力增加、效率、整体效用、节省时间以及工作表现增加；以及
- 易用性认知（PEOU），它表示了一个人对于使用一个特定的体系可以省力的信任程度，PEOU 的测量包括易于控制、易于使用、清晰度以及使用的灵活性。

这两种认知对该技术的使用产生了引导或是倾向，最终影响了它的使用。

相对于基本的 TAM 模型，在考虑移动银行时似乎还要考虑其他因素。抛开移动银行的独特的优势不谈，缺乏信任是采用任何移动服务最主要的挑战。

一个更完整的 TAM 模型应该包含（见图 2.2）：

- 行为意图（BI），即采用新技术的意向；

- 经济因素认知（PEF），它对边远的没有银行账户的客户采用移动银行服务的意图具有显著且直接的影响；
- 有用性认知（PU），它对客户采取移动银行服务的意图具有显著且直接的影响，它取决于便利水平（CON）以及源自移动银行服务的支付能力水平（AFF）；
- 易用性认知（PEOU），它对边远的没有银行账户的客户采用移动银行服务的意图具有显著且直接的影响；
- 信任认知（PT），它对边远的没有银行账户的客户采用移动银行服务的意图具有显著且直接的影响；
- 边远的没有银行账户的客户的年龄和性别会影响其移动银行服务的易用性认知；
- 移动网络运营商特性；
- 非质量因素（NQ）。

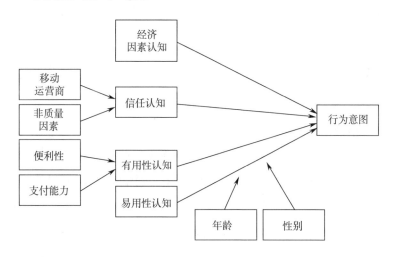

资料来源：Barry，C. & Albertazzi，D.（2001）。

图 2.2　扩展的技术接受模型

结构设计

在精益和数字化方法中，下一个宏观阶段是结构设计。

移动银行应用程序必须向客户提供一个移动应用程序所具有的那些能力，这一部分将会详细地分析几个重要的绩效指标：

- 提供支持的模式和设备
- 鉴定和欺诈预防
- 开拓原有电话功能
- 扩大功能
- 导航和易用性
- 提醒
- 动态显示
- 个性化
- 应用程序分布
- 原有电话功能

移动模式

使用者能够通过不同方法使用移动银行：

- SMS 是客户进行简单的移动银行交易的首要模式之一，拥有传统手机银行的客户可以进行许多基本的银行交易，比如提醒查阅账户余额。

- 基于网络的技术提供了移动互联网，它是通过无线应用协议（WAP）或者使用智能手机的浏览器连接的移动优化网站（比如微型网站）实现。使用者的使用经历会根据移动设备的不同而千差万别。对于金融机构而言，移动网站是应用移动银行最简便的方法，它具有很多功能。对于客户而言，移动网站与网上银行如出一辙。然而，它并不是使用网上银行的一种安全方式，有时在一些智能手机的小屏幕上进行操作并不方便，在电脑上进行这类操作其实更加便捷。

- 基于客户的下载应用程序或者简单的"APP"使移动体验更加

合理，其最主要的问题在于这些应用程序在不同的移动设备类型和操作系统中是特定的。APP 可以从许多供应商的网上商店中下载到设备上，比如苹果手机、谷歌的安卓、黑莓以及微软移动商店。银行应用程序是通过一个安全的、需要用户注册的流程下载到移动设备上，一旦下载完毕，移动应用程序就可以提供一个最优的用户体验，智能手机的使用者更喜欢这些丰富的客户应用程序。

这些模式都有各自的优缺点。

关于移动银行安全性的标杆战略研究报告评估了移动金融机构在使用三种移动银行渠道（网页浏览器、应用程序以及 SMS 文本）时所面临的特定的安全问题，调查指出：

- 44% 的银行客户使用移动浏览器，客户认为这是最安全的，拥有智能手机的移动金融机构将浏览器看作是网上银行的延伸。
- 得到最广泛使用的第二种渠道就是下载 APP，所调查的 25% 的客户使用这种渠道。对于移动金融机构，这种方式是最安全的。APP 银行具有替代网上银行、成为客户接触金融机构最主要的渠道的潜力。
- 19% 的移动金融机构使用 SMS 银行，然而该比例有下降趋势，它是最不安全的渠道而且只适用于简单的交易。

丰富的客户应用程序是大势所趋，它们可以保证：

- 最好的用户体验；
- 最高的安全性；
- 原有手机功能的支持；
- 最快的交易速度。

如今，大部分移动银行所提供的服务包括所谓的"三网融合"，这种方法涵盖了全部三种模式，从而使金融机构和他们的客户选择最能够满足其需求的服务。

设备

《标枪2012电脑和银行报告》评估了蓬勃发展的电脑银行市场。平板电脑拥有者使用移动银行的增长速度是没有平板电脑的人的两倍（49%对比22%），这一比例仍在增加，因为预测2016年平板电脑的采用率将会增加到40%。大部分顶级的金融机构都拥有苹果平板和安卓APP。在美国，一些金融机构如美国银行或花旗银行，已经开始成为平板电脑银行市场的领军者。

尤其是在商业中，一些客户使用移动银行很有限的原因之一在于手机的形状，智能手机的小屏幕并不便于一个商业用户每天处理大量的信息。

平板电脑的兴起正是对此的一个解决之道。除了一些例如能够进行支付或发送现金报告的功能外，金融机构提供给其商业用户的移动应用程序应该能够简化其与金融服务关系的工具。

对于企业移动银行，平板电脑让使用者能够进行数据分析，从而支持其在商业银行中进行活动的能力。比如，移动银行应用程序应该提供现金状态的关键绩效指标、不同货币所表示的账户余额，以及许多金融机构已经在网上环境中提供给其企业客户的功能。

期望企业人员能够在平板电脑中使用移动银行来进行需要大屏幕显示的复杂的交易，他们将使用其智能手机进行快速的认可、接收通知或者进行相似的简单交易。

不同的金融机构在平板电脑银行中具有不同的战略。美国的金融机构重视原有——或者针对平板电脑进行优化的——应用程序。尽管前25名金融机构大部分都拥有了苹果平板和安卓应用程序，只有不到20%的金融机构拥有特定为苹果平板、安卓或者基于安卓平台（Kindle）研发的原有平板电脑应用程序。

鉴定和欺诈

确保最高水平的安全性对于提供任何移动银行的服务而言是至关重要的。安全性的需求对客户而言越来越重要，他们需要能够安全地对账户进行鉴定。一种可能的鉴定方法就是使用凭证，凭证已经成为确保大型企业安全的一种行业标准，其缺点在于它要求使用者必须持有凭证。生物识别技术、声音模式甚至是脸部识别比凭证和其他安全方法都更便捷，因为它允许使用者无须持有设备或者记住密码就能够证明他的身份，生物识别技术在移动技术中同样非常适用。

根据米兰理工大学关于移动银行的一份调查，90% 的意大利银行拥有双重鉴定，在 75% 的情况下会对交易进行持续的监控。

第 6 章"移动安全"将会对这一话题展开更多的讨论。

易用性

移动银行的一个挑战就是应用程序的易用性，金融机构的咨询台不应该接到太多关于移动银行如何使用的电话，使用移动银行的复杂性不应该成为客户放弃这一银行渠道的原因。

一个丰富的客户应用程序有能力为使用者提供最高质量的体验，它的缺乏会给客户带来糟糕的品牌认知以及负面的体验，甚至会降低安全认知。设计移动应用程序不仅仅是为更小的屏幕而设计，它与设计网页或者网上应用程序并不相同，这些不同随着具有额外功能和独特硬件性能的移动设备进入市场而快速增加。

为了增加移动银行体验为客户带来的价值，设计者必须满足以下易用性原则：

- 一个移动银行应用程序必须拥有一个直观且人性化的界面，使用者必须能够快速地获取想要的信息，或者在无须打开许多界面或被迫输入许多密码的情况下进行正确的交易。

- 零售方面的工作团队和移动银行商业方面的团队应该相互兼容，客户在使用过程中遇到的许多问题应该能够反映到移动银行中。

- 开发者应该关注于登录首页提供最重要的使用者信息，因此在登录阶段，使用者应该能够看到其与金融机构所有关系的一个简况，包括可能的投资账户。使用者还应该能够很容易将账户余额分组，从而能够看到账户、储蓄、卡以及投资的总体情况，如此一来，他们就能够快速地浏览到与其特定需求最相关的数据。

- 移动银行应用程序应该使系统能够记录人为的预计收入和支出，从而可以更快且更精确地对现金状况、预计余额以及超额资金进行预期，该工具允许简单的现金预算。

由于使用者千差万别，设计者应该保证应用程序具有一些错误校正功能来保护客户和金融机构。为了满足最大数量、最多类型的客户，设计者应该给予使用者自定义其应用程序的可能，增加灵活性。

根据史蒂夫·乔布斯的经营理念，能够简单使用移动银行是极为重要的，他的"我想要一个只有一个按键的电脑"的要求对于移动银行而言可以转化为"我想要一次点击就能进行交易"。客户可能会接受两次点击，比如来确保他们在交易中输入重要数据时没有发生错误，但无论怎样都不能多于两次点击。相似地，标志、信息或者指导应该非常清晰简洁。

功能的丰富性

整合性、安全性和易用性是目前开发移动银行最重要的挑战，然而还是存在其他的挑战。尽可能地提供更多的功能也很重要，移动银行的使用者可能需要更多的功能，设计者可能想要客户尽可能地不去银行分支机构。更多的功能不应该阻碍简易，这就是一种挑战。

金融机构希望移动银行能够出售更多的服务，并且吸引更多的客户而不仅仅是吸引已有的客户。移动银行功能越丰富、越便捷，金融机构能实现该挑战的机会越大。

品牌

品牌也是一个重要的方面。对于客户而言，移动银行应用程序将会成为金融机构的象征，它必须引人注目。

与品牌的紧密联系需要采取正确的交流模式，并且通过移动设备利用与客户的联系来提供更多的服务。对于所有的渠道，无论是实体（分支机构、ATM、POS）还是虚拟，金融机构的渠道政策必须保证持续性、相互兼容性、品牌增强性、整合性等。

提醒

提醒对于所有银行交易都非常重要，尤其对于暂停交易而言。客户通常在平板电脑的网上渠道上使用，他们期望提醒能够通过手机传达，这甚至更为重要，因为移动手机总是在客户身边。

金融机构的客户应该能够在其账户有任何变动时收到通知，他们应该能够在任何时候通过直接发送至手机的信息了解其账户的动向。基本账户功能应该为客户提供任何类型的移动银行都可使用的提醒功能，服务应该可以根据客户的偏好/设置打开或关闭提醒。

- 预定提醒是用户或金融机构设定的、在预定时间定期进行的、能够传达有价值的金融信息的通知，预定提醒包括天/周/月现金状况通知或者交易截止日提醒。
- 临界提醒会在一个账户或一笔交易超过或低于某个预定限额时触发，这可能包括账户余额、总交易以及/或者异常单笔交易。
- 安全和事件驱动的提醒，它会在发生某个事件时触发，比如更改密码或更改凭证。
- 可行动提醒，它使得使用者可以进行行动或者授权金融机构代

表其行动。比如，收到余额不足通知的使用者可以立即从其他
账户向该余额不足的账户转账，一个可疑交易的通知可以允许
使用者决定是否支付。可行动提醒应该应用于所有移动使用模
式，比如，SMS 提示发生于使用者回应一个包含一个或多个密
码的 SMS 时，比如"是"，或者自动跳出一个使客户登录其移
动银行应用程序的通知。

- 服务驱动的提醒，它可以用来通知客户绝佳的投资或交易机会
  或者威胁。

动态显现

丰富的客户应用程序需要动态地了解移动设备所使用的功能，它应
该自动选择显示屏以及能够在特定设备中有效显示且能够横屏或竖屏展
现给终端使用者，它还需要形成特定屏幕、滚动功能和按钮，从而产生
最优的用户体验。

个性化

移动应用程序应该支持个性化，例如：
- 首选语言；
- 日期/时间格式；
- 金额格式；
- 违约交易；
- 标准的受益人名单；
- 提醒。

应用程序分布

由于金融机构与其客户之间联系的性质，期望客户能够定期拜访金
融机构或者登录网站来定期更新其移动银行应用程序是不现实的，所以

只能期望移动应用程序能够进行自我检查更新，之后更新和下载必要的补丁（所谓的无线更新）。然而，要实现这个预期会涉及许多问题，比如其他相关组件的升级/同步。

原有电话功能

许多相互作用的方面都对移动应用程序的设计产生直接的影响，这些方面包括：

- 姿态检测（收缩、轻拍、拖拽等）；
- 触摸检测（允许内容的直接互动）；
- 屏幕、软件或者实体键盘；
- 位置识别信息和反馈；以及
- 使用相机。

分析和程序设计

精益和数字化方法的下一阶段是分析和程序设计。

当人们开始考虑移动程序时，他们将其看作是进行支付的一种工具，支付的方式从塑料卡转换成了手机，并在非接触式读卡器前晃动手机（而非刷卡），这事实上是对移动银行的一种狭隘看法，它是信用卡的一种进化，移动银行拥有更多的功能。

然而，移动银行不仅仅是塑料卡的去物质化，它还完全能够满足所有差别迥异的需求，事实上，它能够成为完全连接金融服务的工具。如今，银行在大多数情况下是金融机构唯一的操作者，而在未来将会有越来越多服务于金融服务领域的主体。像谷歌、易趣或者 SEPA 支付机构已经转向原先完全是金融机构的领域中来。

移动银行拥有更多的功能，它主要的优势在于能够整合和巩固与金融服务有关的许多功能，且使其随时随地可以获得。举个例子，这可以通过思维导图的形式展现出来，思维导图是用图解法将信息形象地描述出来。思维导图可以围绕着"移动银行"展开，它应该位于中心的位置，之后增加与其相关的思想、词语和概念，从中心节点散发出的是主要类别，小的类别是更大分支的分支，类别表示词句、思想、任务或者其他与中心词语或思想相关的事物。

图2.3展示了初步的思维导图，它描述了移动银行在未来能（或者将）成为什么样子。

下面将描述一些典型的移动银行功能：

- 零售银行；
- 商业银行；
- 财富管理和私人银行；
- 支付。

零售银行服务

在最近的一次会议上，一名演讲者陈述了客户并不想仅仅购买或使用产品和服务，他们有不同的需求，客户想要：

- 拥有真实的体验；
- 通过从不同的角度考虑对他们的价值来驱动其行为；
- 通过突破性技术来享受创新，即连接不同的方面（连接人、纪律、思想、文化等）；
- 能够享受一个全新的世界；
- 使用精益和数字化方法。

"体验"这个词在这些列举中是最重要的，一个非常棒的客户体验可以建立忠诚度，而其可以成为促进因子，这直接转变成一个强有力的、持久的以及扩展的关系，这对金融机构的最终结果具有直接的影响。

金融机构应该维持其与客户的联系，他们扮演的并不是商品的角色，这意味着金融机构必须努力以独特的方式来吸引客户，同时，他们

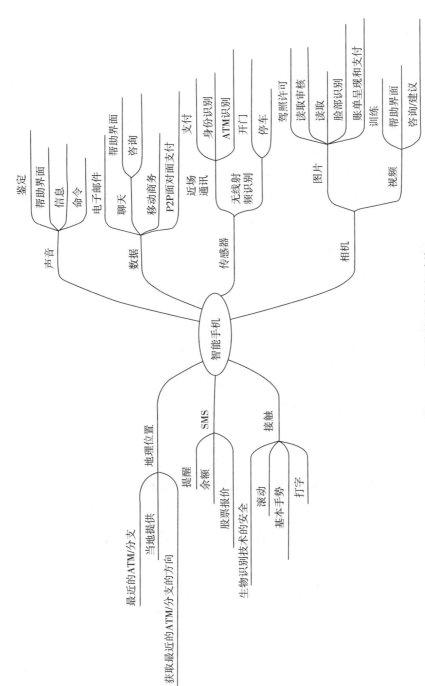

图2.3　一些可能的移动银行功能

也需要创造新客户进入金融机构的理由。

客户的体验是很重要的，虽然如此，通过手机银行提供虚拟体验并不容易，因为客户并不在金融机构的实体店中，这里并没有相关的联系人来提供这些服务，这里仅仅有客户和他/她的手机。当然，手机的功能越来越丰富，那么你如何能够利用这些功能为客户提供一个丰富且令人愉快的体验？

创造能够愉悦客户且传播品牌的方案是一种挑战，这些方案应该全力扶持一个任务。对于企业移动银行应用程序而言，这意味着使用标准化的控制手段以及实现完全功利化的界面，而这对于零售客户而言并不必要。设计者应该使用指南，比如苹果的标准用户界面使用指南，从而确定用户的图形标准和使用模式。

对于金融服务，体验应该为客户带来内心宁静的体验，因为金融机构必须总是让客户消除关于储蓄或支付安全性的顾虑。客户对安全的体验是感兴趣的，安全是他/她与金融服务机构关系中最重要的因素。

因此，对于开发一个移动银行应用程序，设计者应该最先考虑安全性。一定有方法来确保访问的人就是账户真实的持有者，但这并不足够。提供安全的连接也是很重要的，这很大程度上意味着在手机的传送和储存中加密。

金融机构也需要最大限度地确保交易中的隐私，移动银行在这个方面并不存在过多的担忧，因为当一个客户在使用手机时，他/她并没有将其信息告知给金融机构职员，客户想要确保的是没有人能够获取他/她的数据和交易。

安全和隐私是手机银行无可否认的特征。

一段令人满意的经历也意味着进行较为复杂交易的可能性，这种交易比查询现有账户余额等简单交易更复杂些，客户应该能够进行支付、现金转移、买卖股票或证券等。

最后，应用程序的设计应该美观，增加其有用性，使其能够完全发挥出最大效用，成为金融机构的标志。ING 开发了橘色账户，它在这方面做得极好，像法国巴黎银行旗下的 Hello 银行这样的新移动金融机构同样经过了精心设计和制作。

有趣的是，欧洲 Hello 银行与其控股银行即法国巴黎银行拥有不同的品牌和颜色，对于传统的较为保守的金融机构而言，差异性是移动银行一个重要的方面。

现有的移动银行服务

典型的移动银行服务可能包括：

- 注册
  - 通过数字签名开立账户（受制于当地监管）
  - 密码条款、更改密码以及更改密码需要的提醒
- 账户管理
  - 提款
  - 储蓄
  - 账户信息
  - 申请支票簿
  - 挂失（丢失、被盗）卡、支票和账户
- 支付、储蓄、提款、转账
  - 账单呈递和支付
  - 对等支付
  - 进行商业支付
  - 支付的到期日（具有停止、更改的功能以及/或者删除一笔已完成的支付）
  - 处理小额付款
  - 直接借记
  - 国内或国际的资金转移和汇兑

- 在同一家银行内
- 与外部金融系统
- 近距离支付（比如 NFC）
- 在 POS 和 ATM 中使用手机
- 发起交易请求并与金融机构沟通来获取交易授权
- 远距离支付
  - 在商店支付商品
  - 在特定商店和购物中心进行提款
- 资金调拨
  - 账户内部转移
  - 在同一国家中的同一金融机构进行转移
  - 在全球的同一家金融机构转移
  - 转移至相同国家、地区和全球性的不同金融机构（在某些国家可能会存在限制）
- 有限规模的数字下载，比如赌博
- 手机充值
- 买票
  - 旅游和娱乐
  - 比赛和交通
  - 停车
- 监控定期存款
- 信息
  - 查看金融机构经营情况
  - 交易历史
  - 近期交易
  - 账户状态
  - 360 度观察账户，包括例如存款、保证金、贷款、卡、共同基金、股票、保险等。

- 报表，可以获得
  - 账户清单
  - 贷款清单
  - 卡清单
  - 微型清单，查阅账户历史
- 基于技术的增值便利化
  - 远距离移动储蓄
  - 核实图像
  - 服务和支持
  - 基本信息的更改（比如更改住址）
  - 现金管理和个人财务
  - 个人财务管理
  - 投资组合
  - 账户整合
  - 基于移动设备的增值交易供给
  - 股票交易
  - 共同基金/权益声明
- 辅助产品
  - 银行保险
  - 保险政策管理
  - 养老金计划管理
  - 慈善捐赠
  - 搜寻不动产
  - 特定的电话驱动功能
  - 日历
  - 以包含银行交易的日历为基础的行程安排

- 计算器
- 产能工具
- 关系驱动的强化
- 交叉销售
- 基于行为的信息传递
- 优惠券和优惠卡
- 一般客户交流
  - 以事件为基础的客户交流
  - 以概况为基础的客户交流

系统应该拥有一项特定的功能来核实客户的账户中是否具有足够的资金，并通过设备中的虚拟代理人对一笔储蓄或提现交易进行授权。

图2.4展现了一个移动银行体系的主要功能。

接下来将会对这些功能中的某些功能进行更为详细的分析。

账户转移

客户应该能够通过其移动设备非常便捷地在不同账户之间转移资金，这些账户无须在同一金融机构内。在这种情况下，用户应该能够很快看到被他/她转移资金账户中的可转移余额以及相应信息。

客户在走动中也可以进行不同账户之间的资金转移，这一基本的账户服务应该作为移动支付的一个标准功能。

这一功能可能在执行中十分困难，详见图2.5中的一个简化图形。

微型清单/交易历史

客户应该至少在90天之内看到清单。

开始	启动支付	处理	清算和结算	报告	客户服务
用户登录	申请	信息核实	格式验证	数据管理	警告
确认	授权	加密	反洗钱和欺诈监测	陈述	设定密码
选择	移动设备的APP	信息转换	发送和安排	分析	账户信息
身份认证	移动浏览器	维护	返回处理	报告	出售服务
	发送SMS		金融结算		移动设备上的信息
		处理			奖励
客户		会计		信用局	
	移动支付供应商	移动支付供应商	RTGS	客户	客户
	网络服务供应商	银行	当地/单一欧洲支付区的ACH	监管部门	产品支持
	商家		银行卡处理商		

图2.4 移动银行体系的主要功能

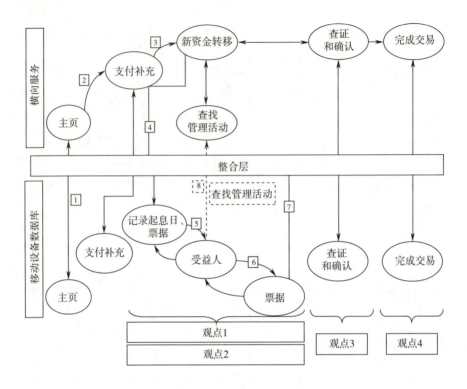

图 2.5　移动银行交易流程的一个案例

社交网络

社交网络允许他们提供创新性服务，比如实时帮助（尤其在微博或推特上）、竞争和推销、一些银行服务（比如捐赠），或者对特定项目开放金融机构账户。

ATM 分支定位

某些金融机构将分支机构/ATM 定位这种基本服务看作是一个标准化服务，这是一个实用性服务，它使得客户能够找到离他们最近的金融机构分支或者现金提款机。在某些情况下，该功能还能够提供与位置相关的信息，并和当地地图整合。

其他功能

在许多国家中，移动银行服务领域有许多很有趣的案例，往往超过了活期存款账户，比如针对以下方面的应用程序

- 管理养老金计划（ICBC）
- 对保险政策提议（法国巴黎银行）
- 博物馆和展览的信息服务或新闻（德意志银行）
- 寻找待售的零售房地产（Ing Direct 银行）
- 为可持续发展与保护环境捐款（西班牙储蓄银行）

企业移动银行

从本质上讲，移动银行是专为客户而设的一件产品，以便支持金融机构操作的零售方面。确切地说，在一开始，移动银行是专为私人客户设计的，最终它扩展成为企业和专业人员服务。事实上，传统的办公区越来越被移动设备所取代，经理和职员变得越发灵活，他们并不限定于自己办公桌所在的位置。

移动银行消费化：金融机构需要考虑的一个趋势

使用信息系统和电子通讯的一个趋势被称为信息和通信技术（ICT）消费化，这意味着消费者市场最初进行了创新，而后其转向企业市场。电脑就是一个简单的案例，最初主要的消费者是那些能够支付得起成本并会使用电脑的企业，仅仅一段时间后，个人电脑就在消费者市场中发行了。

ICT 消费化其实存在许多案例，其中一个典型案例就是智能手机。最初，手机只针对个人消费者，直到后来，企业开始使用手机（主要是黑莓手机），同样的情况也发生在笔记本电脑中。另一个有趣的案例是云计算，几乎所有的客户都在云中拥有私人电子邮箱或者类似应用，

他们可以通过远距离的服务器使用这些应用，但是他们并不知道这种操作的基础，他们依旧能够通过互联网使用这些应用程序。大多数情况下，客户无须购买这些应用。如果他们需要进行支付，那么该支付是基于其使用的资源（云盘的储蓄空间就是一个例子）。如今，企业正将其应用转移至云，他们也拥有一个相似的模式。

有趣的是，相似的趋势还发生在其他领域，一个典型的案例就是移动银行。移动银行原本是因为消费者市场而产生的，并不断获得成功，不久后，金融机构就开始将其运用于企业中，JP 摩根就是美国在这一领域的开拓者之一。直到现在，许多其他的金融机构才开始开发特别适合中小企业的移动应用程序。在欧洲，巴克莱银行推出的 P2P Pingit 移动应用程序就是最好的实践之一，它是专门为个人开发的，直到后来它才扩展到小企业领域。

企业对移动银行的要求不同于个人消费者，在大多数情况下，企业的要求更加严苛。比如，我们考虑一下安全方面，企业交易所涉及的现金数量往往要远高于个人的交易。一些应用程序会为企业量身打造，比如

- 大量汇款单；
- 显示账单；
- 支付；
- 授权工作流，因为在大多数情况下，在授权支付中必须涉及两个以上的经理。

移动银行对于企业而言是非常棒的产品，这一部分分析了企业移动银行作为任何银行的商业银行技术战略的重要组成部分的重要性。

企业移动银行最主要的优点在于提供了随时随地可以使用它的可能性：

- 操作者可以随时随地使用移动银行用于显示发票和进行支付。
- 他们能够将手机用作采购名片。

- 他们能够通过移动银行来管理其付出，并将移动银行作为商务卡。

- 他们能够通过移动银行来转移现金或者预付现金。

未来将会在这个趋势上产生令人关注的发展，越来越多的欧洲复兴计划（ERP）被重新设定，从而能够通过移动设备来使用。

有许多应用程序建立于 ERP 平台上，从而使企业管理者能够处理暂停的交易、进行电子转账以及查阅历史交易等。下一代的企业移动银行应用程序将会拥有更多的交易型功能以及信息型功能，比如查阅账户余额快照的功能。这一趋势将会引领企业移动银行更加广泛地被使用，因为更多的机构将会利用这些功能。

不仅是欧洲复兴计划转向了移动设备，ERP 还有一些令人关注的扩展，比如采购过程的支持，Ariba 和 Bravo 系统的近期发展正朝着网络经济的方向进行。

接下来就是要整合移动银行诸多的商业应用程序，这对于将企业转向精益和数字化而言是很好的方式。

商业使用者的要求

商业应用的移动银行的主要限制在于大多数智能手机的屏幕太小了，比如金融部门需要获取大量的信息，设备太小会导致显示非常不方便。

然而最大的担忧却是安全。财务主管和企业高管可能认为智能手机在日常活动中非常便利，但是由于企业数据的敏感性，必须采取所有的措施来保护其数据和交易。

企业越来越接受"自带设备"（BYOD）的方法，在这种情况下，移动设备开始被用于进行传统上通过电脑完成的事情，因为所有新员工很有可能会将智能手机用作其私人设备。

在企业层面进行类似于个人银行曾发生的"移动改革"似乎只是

时间问题，一个调查显示在被调查的全球大型金融机构中，企业银行技术是64%的首席信息官（CIO）和技术高管首要的投资对象，这些管理者已经明白企业客户和中小企业的重要性，他们意识到超过60%的金融部门相信他们的金融机构并没有完全认识到他们的那些能够通过移动银行满足的需求。移动银行需要提高其质量，并增加能够为企业员工提供有用信息的数量，如此一来，金融机构不仅能够维持这些重要客户，还能够提高其满意度并增加交叉销售许多其他银行服务的可能。

举个例子，如果一个财务主管需要立即进行一笔支付，那么一般而言，登录移动应用程序并通过该程序进行支付会比通过门户网站更加便捷。财务部门广泛地通过移动设备来进行在线审批，事实上，富国银行在2012年通过移动渠道处理了170亿美元。有明显的证据表明财务部门使用移动服务变得越来越便捷。

企业消费者使用的另一个越来越广泛的移动功能就是通过移动设备管理商业卡账户和支出，这一服务应该给予卡持有者通过智能手机增加现金支付、查阅费用以及检查可透支额度的能力。同时，它还给予程序管理员设定限制和检查交易的能力，它的特点还包括涵盖了网络路线和收据快照的电子工作流。项目管理员能够通过自动化交易所（ACH）直接对卡持有人进行补偿，并设定支付、补偿限制和机构规则。

中小型企业

中小企业（SME）在世界的许多国家都是重要的经济组成，尤其是意大利和新兴国家。

金融机构对中小企业市场并没有给予过多的关注，从风险的角度来看，银行对中小企业持怀疑态度，因为他们的违约率通常都会比公司制企业或个人高。

然而，小银行更愿意对中小企业市场投入更多，因为他们在其他市场上无法与大银行竞争：

- 对于小银行而言，大公司的市场太难占有了，因为他们缺乏大公司需要的资源、专业性以及地理覆盖范围。
- 从客户的角度而言，小银行拥有较小的市场份额主要有两方面的原因：
- 相较于大银行拥有更小的地理覆盖范围。
- 因为他们无法享受大银行的规模经济，所以他们在这个市场上无法与大银行在价格上竞争。

小银行更偏向 SME，他们努力为中小企业提供非常个性化的服务并尽可能提供最好的客户体验。

在大多数情况下，中小银行引领中小企业移动银行的发展，这一点并不奇怪。如今，意大利的中型银行专门为中小型企业开发了一个令人关注的移动银行应用程序。

纵观整个行业，专门为 SME 设计的应用程序几乎没有。行业分析师将这种专门为中小企业设计的小企业移动应用程序的缺乏归结为许多因素，包括：

- 比大企业更慢的应用技术。
- 他们的需求更加复杂。
- 明确类别对小企业而言都是一个挑战，因为企业家通常会将个人业务和企业业务混合。

对于金融机构而言，要开发出一个适用于所有产品以及符合需求千差万别的企业消费者的应用程序可能是非常困难的。比如，一些企业要求电子转账，一些要求现金流工具，而另一些企业可能会要求发票和账单支付。

一些金融机构会对其零售平台进行微小的改动，比如更改商标来辨别出中小企业平台。然而这并不足够，不像个人，企业消费者可能会：

- 拥有更多的使用者；
- 需要更复杂的产品；

- 需要权利、完善的安全措施以及更有力的审计跟踪；
- 同时管理多个企业账户和个人账户；
- 查询余额和报表，包括过去几年的交易；
- 通过应用程序在账户之间进行支付和转移现金，能够令金融机构以同样的方式服务其零售和企业消费者——这是赢得新企业消费者很好的方法。

商业移动市场和机遇

企业移动银行的提供对象主要限定于一些大型的金融机构（比如，美国的大型金融机构：富国银行、JP 摩根、花旗银行以及苏格兰皇家银行）。许多大型金融机构都经营国产的应用程序，更多的金融机构正处于开发或计划阶段，首先进入某个市场并占领该市场对于金融机构来说是一个巨大的机遇。

2011 年 Aite 团队对全球金融机构的 CIO 和 ICT 高管进行了调查，调查发现 25% 的高管计划在接下来的两年中增加其对业务／企业移动银行技术的投资，而在南美，有 50% 的高管计划这样做。而且，Aite 团队预测美国 100 家最大的金融机构中的 40 家将会在不久的未来推出企业移动银行，许多机构都将会选择其技术开发商提供的方案。

企业移动银行的驱动因素

为了成功地为企业推出一款移动银行应用程序，了解制胜关键是非常重要的。事实上，制胜关键不止一个，下面将会列举出其中最重要的因素。

企业移动银行的要求

财务部门希望移动银行更加便捷。Aite 团队在 2010 年 10 月的一份调查发现，接近三分之二的全球财务部门希望在未来的 12 个月中，在其金融机构支持的情况下，能够通过使用移动企业银行服务来进行基本的交易（比如查询余额、转移资金、管理账单以及支付）；有 42% 的被调查者认为他们"可能"或"很有可能"这样做。另外，有 56% 的参与调查的人对采用先进的功能感兴趣，这些先进的功能包括批准交易（比如工资的发放）以及进行支付。

金融危机使客户的满意度下降，并保持在较低的水平，财务部门的角色从而变得十分关键且影响广泛。金融机构的供给无法快速地发展来满足这些新的需求，财务部门需要很容易了解到关于其现金头寸的实时或近似实时的全球观点，他们需要更加善于分析的工具，以便有效地履行其职责。另外，业务经理如今经常在路上奔波，技术必须进行改革以便确保这些人仍能够保持高效的工作，许多金融机构通过下一代的企业门户网站以及手机应用来满足这些需求，这些手机应用能够快速收到信息并消除由于不在办公室而导致的延迟。

企业交易经常要求多层次的批准，如果负责人不在办公室，那么按照传统的方法来授权交易可能会造成延迟。对于销售活动而言，这些耽搁也许会造成收入的损失或者成本的增加；对于发起业务的活动而言，失去这些交易可能会造成金融机构收入的减少。企业移动银行可以在这些活动中消除这些延迟，从而使得金融机构增加收入来源。

除了可以增加收入来源，企业移动银行还具有为金融机构创造新收入流的潜能。比如，企业的财务部门意识到移动接入的价值，根据 Aite 团体的调查，大约有 49% 的财务部门愿意花钱使用移动接入。移动银行能够产生收入的前提是要改变金融机构的观念：金融机构一定不能将该服务视为其网络银行的扩展，而是将其视为一个重要的服务，它能够作为一个商业客户银行的一部分而被绑定，从而使金融机构获得更多业务。

企业移动银行的功能

账户信息和交易能力 企业的财务部门能够通过移动渠道对同笔交

易进行多种操作，而这原本只能在网页中执行，这一点非常关键，以下
这些功能尤其重要：

- 注册
- 现金头寸
- 批准
- 合并报告
- 付款确认
- 其他重要功能

注册　移动应用程序的便捷注册对于程序的采用非常重要。企业移动银行的注册较之个体更加复杂，进行必要的步骤来说明业务流程并确保最高水平的安全性是非常必要的。在许多大型金融机构的企业移动银行中，登录需要两步注册流程，该流程始终受安全部门的管控。客户首先需要对机构产生服务的需求，这会通过电子邮件以及/或者信息的形式传送到机构安全部门中，该部门也可以邀请新的雇员来注册。安全部门应该完全掌控整个登录流程，在未收到管理者的邀请时，使用者无法自行注册，这一流程为安全又增加了一层防护，很多企业都很喜欢这种流程，尽管大部分管理者仍限制其机构对移动银行的使用。

现金头寸　检查账户余额以及/或者限定现金头寸是财务部门在其门户网站最常进行的活动，这在移动设备中也是一样的。同样，使用者应该能够登录该银行的企业移动银行应用来对其所有资产类别的现金头寸进行快速的查阅，使用者应该能够通过单击来指定账户，从而查阅每一个账户的特定状况，比如账户余额以及近期交易。通过门户网站建立的账户昵称以及每一个使用者应有的权利也应该能够通过移动银行得以实现。

批准　尽管财务部门最有可能使用移动设备来快速查阅账户余额和现金头寸，但是正如前面所描述的那样，企业管理者也会通过移动设备来批准如下交易：

- 自动化清算系统；

- 电信；

- 对具有潜在欺诈风险的交易做出支付或不支付决定。

这种功能可以为企业解决延迟问题，但是许多机构仍在是否允许使用者通过移动渠道来进行支付上产生很大分歧，尽管他们将批准看作是移动银行"必须拥有"的功能，但是许多人仍认为通过移动银行进行支付是具有安全风险的，最终这样的担心和限制将会减少。

合并报告　即使是很小的企业也会拥有多重客户关系，从而需要多重账户的功能，因此，对一个企业所展现的信息应该是合并的，并且应该尽可能地按照不同的金融机构关系来展现账户信息。使用者还应该能够按照货币或者其他可选择或可创建的分类标准来查阅账户余额。数据的呈现和获取应该可以在不同的资产类别中进行，同时还应该包括投资账户。

合并报告还有一些方面并没有得到完全的利用。美国最近的统计表明一个企业出于一些原因平均会使用 20 个不同的银行账户，这与客户市场的需求完全不同，一般而言，客户仅仅会与一个金融机构建立联系。这种合并对企业了解其现金头寸而言非常重要，但是由于竞争的原因，要让金融机构分享如此敏感的信息是非常不易的，然而需求仍在。也许未来会有经纪人提供这样的服务，而如今一些中央银行或者信用局会提供相类似的服务，但这仅仅是为了表现出客户的信贷风险。

付款确认　付款确认是一项预防欺诈的服务，该服务会在进行支付前标记可能的欺诈交易，并将检查结果上传给企业以便其审查。

其他功能　其他重要功能包括：

- 创立和执行可控的支付报告；

- 以工资单为基础的服务；

- 停止支付；

- 核实捕捉；

- 增加一项核实项目；
- 多语言功能（可能是西班牙语、法语、日语和英语（在非英语国家）、中文）；
- 声音模式识别；
- 向中小企业提供电子发票、记账和报告的服务；
- 对账户和特定交易能够进行便捷的检索，检索能力提高了使用者的体验感受，并且有助于快速、随时提供大量信息。

这些功能提高了客户体验感，最终，移动银行将会更加普遍地用于企业的管理。

财富管理和私人银行

财富的管理和私人银行非常适用于移动银行，然而，将其各自的特殊需求考虑在内非常必要。对于这些类型的银行，允许客户在任何时间、任何地点、从任何类型的设备和模型中都能够进行交易是非常重要的。

移动应用程序必须是稳健的、值得信任的且符合标准的，服务应该以一种简单且划算的方式提供，云盘可以在这方面提供帮助。

支持移动财富管理和私人银行的一些功能总结如下：

余额查询

客户应该能够通过其智能手机或笔记本电脑查询所有账户的可用余额，所有银行都应该具备这一功能。

远程存款收集

银行客户应该能够通过其移动银行 APP 进行储蓄，客户能够简单地对其支票存款账户进行拍照、处理储蓄数额、选择其支票或储蓄账户等操作，并对已选账户中出现的数额进行验证。

个人财务管理（PEM）

客户应该能够在其移动银行 APP 中立即看到其支出的情况，使其能够安排、计划以及追踪其支出，从而实现客户的财务目标。

呼叫代理

客户应该在其移动银行 APP 中设置手机号码，从而能够联系其财务顾问。APP 中应该包含一个简单的"点击呼叫"服务，以便客户在想要进行投资，或丢失卡，或需要紧急的财务援助时能够得到帮助。

账户管理

客户应该能够在其移动 APP 上对所有的账户进行查询并且能够进行金融机构账户管理，这一基本的功能是一个标准的移动银行应用程序所应具备的，金融机构客户能够通过应用管理其投资账户、进行交易、支付信用卡以及查阅交易和长期订单。

支付服务

一个标枪报告预测移动支付会发生显著增长，并且预付卡会发生稳健的增长，同时现金和支票交易会进一步下降。

根据该报告，移动支付是支付类型中增长最快的一类。2012 年，零售销售点支付额达到 39800 亿美元，而移动近距离支付（MPP）仅仅占到了 0.01%。标枪公司预测由于移动设备的使用以及移动支付行业的发展，移动支付的数额将会从 2012 年的 3.98 亿美元上升到 2018 年的 54 亿美元。

尽管商家为了使用移动支付而更新设备会产生成本，这可能会对移动支付的使用造成阻碍，但是遵从 EMV（欧陆卡、万事达卡、维萨卡）标准的美国商家其实已经接受移动支付了。随着客户越来越习惯通过其移动设备进行支付,移动支付的发展反过来会降低对现金的需求。标枪公司的报告指出在过去的30天中,有81%的客户利用现金在商店中进行购物,2011年这一比例为83%,支票将会是未来几年中使用率下降最快的支付渠道。

通过移动设备进行支付成为完全通过移动渠道(与移动商务相关联)运行的企业流程的一部分,或者成为多渠道企业流程中的一部分。对于后者,移动支付可以分为以下几种类型:

- 移动远距离支付(MRP)利用蜂窝移动网络进行支付,这通常(但不绝对)在客户与操作者(或者支付设备的操作员)相距甚远时进行支付。
- 移动近距离支付(MPP)是非接触支付(比如,NFC的接收距离为10厘米以内),这通常是在客户(持有移动设备)以及操作员(持有支付设备)距离很近的时候使用。

这一区分对市场分析而言非常有用,因为在使用者经历、涉及的供给链操作员以及参与者方面,这两种移动支付类型作用于两种不同的市场。然而,这两种类型一旦建立,就会以一种互补的形式共存,提供多渠道、多范例的客户体验。

研究意大利市场的案例是很有趣的,在意大利,移动手机的数量超过了意大利的人口,并且有一半的移动手机都是智能手机,但是移动支付如今才开始稳步发展。有2300万的意大利人(76%的人口处于18岁到54岁之间)在2012年至少利用手机进行一次支付,总额达到9亿欧元,其中超过5亿欧元用于购买移动数字商品——比如新闻、游戏、音乐、电话卡或者捐赠。作为电子商务的扩展,商品和服务的移动商务得到了高速增长,在2012年支付总额达到1.8亿欧元,移动近距离支付受限于试验阶段。

移动商务和移动远距离支付是基于成熟的技术,快速地发展起来。在美国,第二种支付类型的一个成功案例是Fandango(销售电影票),

击败了拥有超过 2 亿用户的星巴克（需要排队点餐），一年实现了超过 3 亿美元的交易额。在法国，移动远程支付也被看作是成功的（拥有几百万的下载量），比如移动 SNCF，在 2011 年有超过 3% 的火车票都是通过它出售的。但是任何事情都依赖于操作员将移动渠道写入其市场战略中的能力，他们应该发挥出移动渠道最好的特性：

- 空间的普遍性；
- 时间的可用性；
- 使用的便捷性。

移动远距离支付

感谢手机和智能电话的快速普及，MRP 在未来的几年中将会快速的扩张。对全球市场的一些预测非常乐观，他们认为通过 MRP 实现的交易价值将会在 2015 年达到 6700 亿美元。

如今，移动支付在全球呈现不平衡的发展。移动支付在移动数字商品（比如音乐、铃声、电子书或应用程序）的购买中非常普遍，实物商品和服务的移动商务则支持其扩张。

移动商务和远距离支付展现出了一个成熟的且广泛获取的技术，尽管该技术仍处于不断的发展中。

- 移动商务的服务包括移动设备对企业流程任何阶段所提供的所有支持——包括订单的筛选和制定阶段——比如通过 APP 或者移动网站来购买机票。即便对移动设备的使用仅仅限制为支付阶段——这常常会发生，但事实上，移动商务仍涵盖了移动远距离支付。

- 狭义来讲，移动远距离支付包括了那些将支付阶段看作是中心环节的服务，购买流程中的其他阶段都是通过其他渠道完成的，或者由于销售过于简单使得其他阶段几乎都不重要（比如车票的购买或停车费的支付）。

- 移动资金转移是指通过移动设备将资金在不同人之间转移。从广义上讲，移动远距离支付涵盖了移动资金转移。从技术角度而言，移动资金转移与移动远距离支付有许多的相似之处，现金支付从严格意义上来说可以发展成为移动远距离支付，比如肯尼亚的 M‒Pesa 或者正如巴克莱银行的 Pingit。

移动商务的动态发展——以及 MRP——都是非常显著的，尽管其技术仍在发展，但已经十分成熟且能够轻松获取。传播的途径取决于将移动渠道纳入到其营销战略或多渠道关系中的操作者的能力，这能够完全利用移动渠道随时随地使用的特性。

移动远距离支付市场

对移动商务的产品与服务、移动商务与数字化产品的支付的比较动态分析有助于识别出那些推动 MRP 发展的基础因素。

移动商务的产品/服务的发展取决于这些年世界电子商务运行所积累的专业知识，这些知识对于移动渠道所需的高质量配置服务以及后台的操作流程非常重要。移动商务市场和数字化产品的支付都达到了一定规模，这要归功于两个重要因素：操作员的数量以及手机信用卡的使用。出于这两个因素，任何有移动手机的人都能够得到移动商务以及无须登录的简单支付的服务。

相反，MRP 产品/服务无法利用上述所提到的许多影响因素。

特别是，几乎所有经营 MRP 的交易商都第一时间进入了电子商务科技的领域。此外，现今的立法是以欧洲支付服务指示（PSD）为基础的，它排除了使用手机账单系统来支付缺乏数字化内容的产品和服务的可能性，因此自然而然，发展的途径就会更加艰难、缓慢和曲折。

移动近距离支付

移动近距离支付（MPP）可能具有非常高的普遍性（涉及实体市

场的所有企业关系），它包含了市场上许多新设备自带的一项技术。

MPP 的环境是不同的，它拥有更高的广泛性，涵盖了实体市场中几乎所有的交易关系。简要地说，有两个关键点：

- 技术集中于近场通讯（NFC），能够使用 NFC 的手机和销售点（POS）的数量与日俱增，该技术也越发成熟。
- 商业模式也开始转向经营者和金融机构之间的合作模式，该目的在于为所有可能的利益相关者提供价值。

在经营者之间实行合作是使服务在任何手机、通过任何支付工具以及任何电话操作员都能够获得的唯一保证，事实上，这一情况确实会发生，比如：

- Cityzi，建立于整个法国生态系统共同协作基础上的一个项目；
- Cep – T Cuzdan，由土耳其的一家电信龙头企业发起；以及
- Quick Tap，由 Orange 和巴莱克卡推动。

有一些与 MPP 相关的有趣的提议，它们通常是受限制的，除了日本和韩国，但是如今在美国和欧洲，它们都在扩张，这是出于各种各样的社会经济因素，包括立法的（SEPA）、技术的以及机构的因素。

在一些国家中，存在一些关于使用移动手机来进行车票支付的倡议，这些倡议表明发展 MPP 的时机已然成熟。如今，该技术已经逐渐完善，而且预期 2015 年仅意大利就会有 2000 万到 2500 万部 NFC 智能手机。对欧洲市场 MPP 数量的预期表明对该系统中合作模式的关注将会为电信运营商和金融机构带来盈利，从而抵消投资和运营的成本。

国际环境的特征具有较强的波动性，这也是高利润的标志，但是同时也会造成不确定性。

MPP 的成功将取决于该生态系统中参与者在未来的行为：截至 2016 年末，他们的态度将导致 47 亿欧元到 108 亿欧元的变动。

兼并和竞争

移动支付的收入和营运成本都在减少，虽然如此，要想抵消资本支

出并保证一个平均的收益水平并不容易。在许多国家——比如美国和欧洲——电信运营商之间签订越来越多的合作协议，在一些情况下，电信运营商和金融机构之间也会签订合作协议，从而能够为 MPP 开发出能够相互协作的平台。

兼并和竞争是全世界在 MPP 领域的关键词。

从这个意义上讲，技术有助于在不同的体系中保持竞争。除了自带 NFC 的智能手机之外，还有另外一种方式（利用苹果手机拥有搭载通信和安全芯片的微型 SD 卡来附加功能）。

其中的一些方式具有明显的优势，而其他的一些是否能够维持其未来的发展要取决于它在生态系统和目标客户中的成就。

MPP 市场数量的预测表明对电信运营商和金融机构合作模式的关注将会有助于抵消投资和经营所产生的成本，并且能够增加利润。

就拿 2015 年作为参考，预测在 2015 年会有不少于 800 万用户使用支付服务，每年会有数亿欧元的额外收入，这些收入有助于进行财政投资和抵消持续的运营成本。

这些数字是保守预测的结果，它们支撑了移动支付模式的可持续性，主要包含两个方面的重要信息：

- 一个全面的方法将所有可能的因素考虑进去是十分重要的，它应该确保拥有足够的用户基数、追求投资收益的最大化以及与快速增长的 POS 协调发展。
- 移动支付将仅仅成为移动银行的一部分，并不会成为其最主要的一部分。

将交易的距离与智能手机的潜质结合起来而带来的关于 MPP 的机遇具有广泛的影响，MPP 可以集广告、营销、忠诚以及优惠券服务为一体，其中，一些服务（比如优惠券）会涉及商家和需求方。其他的服务只能通过移动 NFC 的推广而实现，它们关注于操作者（比如支持购买流程的交互式应用程序）和安全元件开发商（比如广告推销是基于对应用程序的整体了解）的主导地位，这些考量强调了在移动 NFC 体系中商家的重要角色。该体系中一个重要的收入来源取决于商家将会获取的经营收入（现金管理、存货的最优等）以及该体系通过升级这些服务而获取额外收入的能力。

移动销售点

拓展移动支付的一个不同的方式就是使用移动销售点（m - POS），它是能够用于商家销售点终端的一个移动设备。移动 POS 近距离支付在 2012 年仅占全部零售销售点支付数额的 0.01%，移动设备（比如智能手机和平板电脑）彻底改变了商店购物的方式，它既可以当作是一个支付工具，同时也可以成为一个购买渠道。在未来的几年中，整个行业推动移动技术的提升将有助于激励移动支付快速的发展：预测在 2018 年移动 POS 近距离支付将会达到 54 亿美元。

移动钱包

移动银行最令人关注的发展之一就是所谓的移动钱包。

移动手机在与金融服务挂钩的绝妙之处在于移动设备与它的使用不再需要一一匹配。这是电脑的优点，电脑完全不同于如发动机这种传统的设备，由于拥有软件组件，电脑可以同时执行多个不同的任务：文字的排版与编辑、会计以及计算等。移动设备增加了直接与网络接口的可能性。

移动钱包是象征意义上的皮革钱包，它能够容纳许多类型的文件：现金、卡、身份证等。

所谓的飞越巅峰（OTT）运营商会对移动钱包造成竞争。比如，谷歌在美国开发了一款 NFC 电子钱包，而贝宝在北欧也推出了一些支付系统。

定义

移动商务联盟对移动钱包进行了很好的定义：

移动钱包是移动设备的一项功能，它可以安全地使用数字化的资金。移动钱包可能存在于一个手机之中或是一个远程网络/安全服务器中，它可能会通过移动设备进行连接，并通过设备进行管理和"使用"。更重要的是，它能够被钱包的使用者掌控。

当移动钱包是一个开放式平台时，选择和管理服务的最终决定权在于使用者。从品牌的角度而言，钱包能够成为白色标签业务，使用者能够选择其使用的服务和品牌。品牌的产品和服务时存在于钱包之中，而不是相互脱离的。

功能

移动商务联盟列举了移动钱包的一些潜在的功能。一个移动钱包涵盖了许多的资产类型，用户场景是多样且可变的，内容也会存在很大的差异。

移动钱包可以涵盖、形成、提升许多功能，其中包括：

- 财务
  - 移动银行应用
    - 使用单一或多个账户
    - 账户状况/余额信息
  - 金融交易选择（汇款/转移、账单支付、兑现/套现、财富管理、股票交易投资等）
  - 交易或钱包信息、历史和记录
  - 多个发行人的支付卡（借记、贷记、预付）
    - 移动远距离支付：为产品和服务支付；为数字化产品支付
    - 移动近距离支付：一般发生于销售点（POS）

- 储值卡或是从多个服务提供商获取的卡
- 身份
  - 通过移动设备进行的数字化认证：各种各样的发行人都会提供这种服务，比如政府机构、电信运营商或者金融机构
  - 数字化签名
    - 通过登录凭证进行控制（实体或数字化）
    - 认证
  - 会员证、登记证、驾驶证等
  - 移动商务或电子商务
    - 移动商务是指涉及所有权或产品和服务使用权转移的所有交易，并且这些交易是通过使用移动设备开始并/或完成的；拥有许多资产钱包的使用者——不仅仅是现金资产，还包括价值关联的资产——能够允许忠诚度奖励体制发送奖励或是赠券
  - 赠券和奖励
  - 优惠卡
  - 车票或用于娱乐的门票
  - 使用或交易的发票
  - 移动广告
  - 警告
  - 定位服务

要注意的是，这些列举并没有涵盖所有的功能，移动钱包还可以涵盖那些在如今看来难以想象的功能。比如，它能够包含用户的健康记录，从而在紧急情况下提供帮助。回到金融领域，它可以包含用户的投资组合并能够对其进行管理。总之，移动钱包的功能拥有所有的可能性。

只有移动银行：银行业的又一次革命

如今出现了一些只拥有移动银行的银行，它们的特征是在移动设备上（包括智能手机和平板电脑）提供全方位的银行产品，并只限于移动设备。

历史总是自我重复的，人们必然还记得网上银行的领军者之一 ING Direct 最初也是类似地仅仅推出了网上银行，后来他们才开始在特定国家建立分支机构。

许多只有移动银行的银行最初的发起是十分成功的：在短时间内就获得了相对大量的新用户。

虽然只有移动银行的银行有一些共同特征开始显现，但是对这些银行至今仍没有一个标准的模型。只有移动银行的银行理念和使用的便捷性非常符合年轻人和精通技术的客户的需求，但是几乎所有的移动设备使用者都会喜欢它。能够容易地操控和理解 APP、网页和各种各样的功能是十分重要的。

一般而言，这些移动银行都会有一个通过互联网获取的在线备份，以防止紧急状况。

接下来将会阐述一些关于只有移动银行的银行有趣案例。

非洲

M－Pesa 是移动支付领域最成功的案例之一，它发起于非洲的肯尼亚，MTN（译者注：南非最大的电信运营商）与连锁零售商 Pick'n Pay 合作为南非用户提供了一个新的移动银行——Tyme Capital。

Tyme（意味"将你的钱带到任意的地方"）并不仅仅是一个移动钱包，它是一个全方位的移动银行，它能够提供大部分用户所需的银行服务，它能够使得客户具有收寄、储蓄和撤回资金的能力。通过使用 Tyme，用户能够进行支付和购买预付的电。Tyme 可以用于当地的一些商店来进行实体交易，比如赚钱和捐钱。用户能够在限定额度内在遍及全国的成百上千家 Pick'n Pay 商店以及 Boxer 商店中撤回和储蓄现金。Tyme 没有每月收费或是设定最低账户余额（尽管一些交易需要交付小额的费用），就如同世界上大部分其他仅有移动银行的银行所做的那样。但是还是存在一些限制，比如一个账户所持有的最大余额不能超过 R25000（大约为 2800 美元），一些特定的交易（比如借方交易、撤资以及付款订单）数额限制在每天 R1000（111 美元）以内。

欧洲

法国巴黎银行的"Hello 银行！"自称是欧洲第一个完全数字化的移动银行，它是通过一场巧妙的管弦乐队演出而一炮走红的，这场演出向用户展现了移动手机究竟能用来做什么。

在布拉格，60 名音乐家在无伴奏的情况下上演了一场特别的演出"卡门"，这场演出由 Libor Pesek 指挥，并进行了录制，手机和平板电脑连接 227 个不同的界面，并通过 WIFI 相互连接。

另一个只有移动银行的银行是 2013 年 4 月在捷克共和国建立的，它展示出了只拥有移动银行的银行是可能存在的，它的目的在于通过爆炸式地增加用户的使用量使个人金融上升至社会层面，使其成为零售银行业的佼佼者。

它的关键特性在于：

- 实时活动信息；
- 对购买增加评论、照片和场地；
- 向脸书（Facebook）的朋友转钱；
- 支票账户高达 10% 的年利率；
- ATM 地图显示了距离最近的 ATM 所处的位置；
- 在脸书分享采购；
- 使用关键词搜索采购；

- 与朋友共同承担账款；
- 使用照片分享来设计个人的借记卡；以及
- 通过支出类别统计和分析进行个人财务管理。

美国

美国建立的第一家移动银行好像是 GoBank，它并没有透支额或者罚款，它允许用户每月支付 9 美元当作会费，但是即使成员没有支付会费，也能够使用相同的账户功能。用户将会获得一个免费的借记卡，或者他们能够花费 9 美元选择自己偏好的用户借记卡。企业大部分的资金源自客户使用其借记卡时产生的商户手续费。该移动银行具有支付账单的功能，并且联邦存款保险公司（FDIC）对每一个账户进行了保险。在发行阶段，该银行会提供免费的用户借记卡，将其作为合作商家推销活动的一部分，这些商家包括来爱德、邦诺书店等。会员可以从全国 4200 多个地方免费使用 ATM，并且能够在超过 3900 台 ATM 上进行存款业务。

GoBank 移动银行还能够在苹果商店中获得，安卓手机的使用者也能够通过谷歌市场免费下载 APP，摩托罗拉运营商会将该应用程序绑定在与其兼容的安卓设备上。GoBank 最吸引人的特征之一就是用户能够在登录界面上看到其账户余额，该银行声称查询余额是用户登录其银行账户的主要原因。GoBank 还允许其用户通过短信或电子邮件进行免手续费转账，如果一名用户想要向没有使用 GoBank 的某人转账，那么他/她可以使用贝宝。

位于宾夕法尼亚州哈里斯堡的价值 41 亿美元的宾夕法尼亚州员工信用合作社（PSECU）拥有着类似的经历，尽管具有较大的规模——它是美国排名前 25 的信用合作社，PSECU 仅拥有一个分支机构，它实际上是一个无分支机构的金融机构，如果不是因为移动银行，它必然会承受建立分支机构的压力。

亚洲

另一个令人关注的倡议是联动优势（UMPay），它是由中国银联、中国移动以及日本网上银行的领导者 eBank 联合经营，它的所有权属于一个电子商务零售商：乐天株式会社。

Jibun 银行是一家日本银行，银行名称可以用英文翻译为"我的银行"，它是另外一家创新型银行。Jibun 银行是由东京三菱日联银行（BTMU）和一家名为 KDDI 的日本电信运营商在 2008 年 7 月共同发起的，它建立的唯一目的单纯是为了移动电话的使用。Jibun 银行拥有大约 400000 名客户，看起来它的用户很少，但是对于一个仅仅依赖移动银行的银行而言，在如日本这样的成熟市场中拥有这样规模的用户已经很好了。Jibun 银行相较于其他银行而言发展较快，它如今已经占据了 5% 的市场份额，但是它的目标并不止如此，这只是一个开始，它曾经发布过其具有侵略性的关于账户和储蓄的目标。这家 24 小时营业的银行是专门为订阅 KDDI 服务的手机用户者设计的，它允许客户通过手机来支付其购买的产品和服务，它的收入来源于客户之间资金的转移。它的使用非常简单，在进行资金转移时，只要输入电话号码、收款人的电话号码以及要转移资金的数额就够了。Jibun 银行的模式不同于那些传统的借款人和收款人，它期望它的收入能够一半源自于手续费，一半源自于利用存款的投资。

这类只有移动银行的银行数量将会在不远的未来增长。

Jibun 银行在 2008 年 7 月开始对外营业，通过移动电话（NTT DoCoMo 和软银移动）、互联网（PCs）和电话（IVR/运营商）提供全面的客户服务。Jibun 银行致力于成为一家客户满意度居于榜首的金融机构——成为一家"每个客户的私人银行"——提供既便捷又安全的高质量金融服务。

安全始终是移动银行所关心的话题，Jibun 银行的目标就是让其客户安心，它通过各种各样的保护措施使其能够提供较高水平的安全性，比如无法通过一个非注册的手机电话进入移动银行（包括 Jibun 银行账户软件）。

验证

精简和数字化方法要求一旦开发了新的产品或流程，验证其是否推动了成功的关键因素是十分重要的。

Cisco 在 2013 年初对整个零售银行业开展了一项全球调查，他收集了遍及 10 个国家的 1514 名客户和 405 家金融机构的反馈。这项调查探究了人们对其利用怎样的手段以及在怎样的情况下通过多种渠道与金融机构进行金融活动的看法，这些金融活动包括账户的监控以及获取财务建议。美国的大部分用户（69%）更偏向个性化的金融服务，能够通过多种渠道简化其财务管理，这些渠道包括网上、手机、电话、视频会议以及金融机构的实体分支机构。客户想要从与之关联的金融机构那里获得一个更加无缝、个性化的客户体验，全球的用户都将以下几点看作是与金融机构或是财务顾问打交道时最重要的因素：

- 可获得性（63%）；
- 能力（65%）；以及
- 效率（68%）。

客户愿意透露其更多的财务习惯，他们期望金融机构能够在财务顾问上表现得更加积极，如此一来，客户会要求：

- 对身份盗窃实施更加严密的保护措施（83%）；
- 增加储蓄的机会（全球 80%）；
- 个性化的服务（78%）；以及
- 在财务管理上更加简化。

全球只有 54% 的用户对利用自动化系统提供金融服务或建议表示愿意，59% 的调查人群表示其对移动设备所提供的位置敏感性建议很喜欢。

大多数被调查者（71%）表示他们对除面对面交流外日益频繁使用的虚拟通讯很喜欢，新兴经济体的客户稍微有一点更加偏向希望能够轻松联系到专家（全球 48% 的人们偏向进行面对面的沟通，而在新兴经济体这一比例达到了 52%）。

客户想要从其金融机构那里获得个性化的服务：

- 77% 表现出想要对身份盗窃得到更多的保护。

- 73% 想要就如何增加其储蓄获得建议。

- 67% 希望获得理财教育。

- 57% 想要获得对其财务状况相较于其他客户的评估（这在网络上可以获得，比如 Mint 或者 Bundle）。

该调查还探究了金融机构提供个人金融服务的能力：

- 46% 的美国客户认为其金融机构拥有足够的资源为其提供个人服务。

- 58% 的美国金融机构认为他们拥有足够的客户个人信息。

对于客户与其金融机构分享私人信息的意愿，结果如下：

- 53% 的美国用户愿意向其金融机构提供指纹或者其他生物识别特征来进行金融交易的验证，从而保护客户免遭例如身份盗窃的危险；

- 全球 61% 的客户愿意分享生物识别数据，愿意分享该数据的日本客户比例最低，为 33%，而中国愿意分享数据的客户比例最高，为 94%；

- 60% 的美国客户愿意提供额外的个人信息，以便更加简化财务管理。

关于在保险库中保存个人信息，调查表明：

- 57% 的美国客户不愿意金融机构与外界分享他们的个人信息，即便这会提高其他领域的服务质量；

- 在俄罗斯和德国，有72%的客户不愿意与其金融机构分享个人信息。

全球大部分客户能够通过虚拟通讯与其金融机构联系，关于与金融机构的人事部门进行虚拟通讯的意愿，调查结果如下：

- 63%的美国客户愿意使用科技（比如短信、电子邮件或视频）而非直接面对面地与其金融服务供应商交流。
- 全球有十分之七的客户和92%的金融机构愿意使用虚拟通讯技术进行交流。

甚至是抵押和借款都可以通过虚拟通讯进行管理。在美国有接近一半的客户（48%）认为通过类似视频等通讯技术与其金融机构进行交流来获取贷款或抵押贷款是很好的。

在交流媒介方面，电脑相较于智能手机在视频通讯中表现更佳：

- 21%的美国客户更愿意通过智能手机与其金融机构进行视频交流。
- 大部分客户（79%）更喜欢笔记本电脑或台式电脑。

面对面的交流仍然很重要，尤其是在获取新客户方面：如果金融机构能够提供最好的且更加安全的服务，46%的美国客户会通过虚拟通讯在这家金融机构开立账户，该比例在法国最少，为44%，而在中国最高，为91%。

总结

潜在客户的特征在不断发展且变得越发关键，金融机构能够跟上时代的潮流、保证其客户的需求得到满足是非常关键的。在当下的全球经济中，客户和雇员经常不会在一个固定的地点，所以技术必须要确保这些人的效率仍会保持很高的水平，不论其在家或是在办公室所花费的时间。

类似于摩根大通的行业领导者不断地提高客户、企业或个人期望通过移动渠道从其金融机构那里获得的服务水平。另外，企业客户不断要求其银行合作伙伴推进其开发项目，这一点很重要，必须将企业移动银行看作是网上渠道的延伸。移动银行对金融服务行业具有变革者的潜能，因此 Aite 团队对享受银行移动服务的企业客户提供了以下建议：

- 与你的金融机构进行交流，从而使其更加了解你的需求和难点。
- 对移动安全性进行咨询，从而确保你能更好地使用该技术。
- 推动你的金融机构不断提高移动服务的易用性，从而使得商家和其他供应商的用户界面相匹配。
- 通过经济激励提高客户使用移动银行的概率。Gallup 的研究表明，如果使用移动银行能够获得好处，比如对储蓄利率提高 0.25% 或者对未偿还债务的利率降低 0.25%，那么超过一半的客户愿意使用更多的数字化渠道。相反，根据 Gallup 研究，对移动银行采取不激励的措施会造成严重的后果，比如损失客户。
- 清楚地了解渠道的混合策略、线上线下，可以立刻将新客户引导至金融机构想要推动的渠道上面。

下一章将会分析移动银行的挑战、机遇和现状。

第3章

移动银行管理

介绍

营销和经济学在实施、创建或者升级移动银行过程中是很重要的两个方面。

为了探究这些方面，考虑用户的特性以及移动银行的多因素视角是非常重要的。事实上，营销、收益以及成本会随着用户特性以及移动银行功能的改变而改变。

一旦确定了收益和成本，那么就可以考虑投资回报（ROI）以及为使移动银行成功而在特定情况下采取的必要手段。

移动银行用户的不同类型

移动银行的快速使用使得移动机构的营销策略发生了转变，这些改变引起了用户办理银行业务以及与其金融机构进行联系的方式发生了新的变化。在此背景下，基于人们所考虑的偏好区分不同的用户类型是很必要的，比如程序的性能、功能、价格等。

爱立信消费者实验室发表了一份报告，该报告指出了六种不同的智能手机用户群体的分类，每一种类别都分别表现出其对电信运营商所提供的服务具有不同的偏好，该报告是通过在瑞典、英国、美国和意大利进行定性采访完成的。评估移动银行可能存在的不同用户类型可以运用类似的方法。

影响用户体验以及其与金融机构关系的三个关键因素为：质量、成本和体验。移动银行所提供服务的质量是影响用户对机构忠诚度最重要的因素之一，安全性、简易性以及所提供功能的广泛性是金融机构与客户建立持久联系的基本要素。

体验是用户关系和其他服务最为重要的方面，服务的质量对许多用户而言都是决定性因素。移动银行能够满足客户的金融服务需要，这一点非常重要，但这并不能保证客户的忠诚，还有其他的一些因素能够大幅提升用户的体验从而增加他/她的忠诚度。

许多用户认为其与金融机构的关系是遥远的、生疏的，而大多数用户对移动银行并没有负面的看法，但是这可能会造成用户无法与金融机构的职员有面对面的接触并建立人际关系。金融机构可能开始转移对移动银行的关注，从而提高用户与金融机构的关系。对忠诚度采取激励措施以及提供个性化服务有助于提高用户与金融机构的关系，这种方法能够增加客户的参与度，从而提高用户的满意水平。

符合用户喜好的设备对某些用户而言都很重要，符合用户喜好的智能手机或者更多其他方面都使得金融服务巩固金融机构与客户的关系。

基于这些因素以及与爱立信消费者实验室调查的相似性，将用户或许可以分为以下六个类别：

- 性能寻求者，这些用户考虑所提供服务以及连接的基本质量，他们认为如果可以获得适当的服务，他们能够通过已连接的设备做任何事情。

- 智能手机化，这些用户认为智能手机不仅仅是通讯工具，更是彰显其生活方式和社会地位的标志，他们的选择还会取决于提供更多功能的移动银行供应商。

- VIP客户，这些用户认为其与金融服务提供者的互动是非常重要的，他们喜欢成为享有特权的客户，这可以通过满足用户需求的个性化服务和推销实现。

- 削减成本者，这些用户认为提供金融服务的价格是最重要的，他们寻求廉价的交易，更加偏向于那些不会带来未预期的额外成本的金融机构。

- 好奇的新手，这些用户刚开始使用移动银行，他们会逐渐发现这个新渠道的潜在功能。对于这类用户，最重要的是其与金融机构的关系，他们希望能够从金融机构获得技术支持和友好的建议，网络的性能、功能、设备及其易用性都是影响这类客户与金融机构关系的其他关键因素。

- 掌控寻求者，这类用户会避免账户出现不好的情况，他们会不断地密切关注移动银行的使用状态。

移动银行的多因素视角

探究通过移动银行能够提供的功能的多代模型是很重要的，该模型应该展示出从将信息传递给用户到进行交易、满足用户的金融需求、成为用户生活方式管理的一部分以及涉足非金融活动的发展过程。

一些分析师提出了一个研究移动银行生命周期的模型，Tower Group 提出了最成功的模型之一，该模型主要考虑了以下因素：

信息的

- 余额和交易历史
- SMS 警告
- ATM 位置定位

交易的

- 远程存款收集
- 转移
- 账单支付
- 交易股票

交互的

- 动态警告
- 个人财务管理
- 个人生活方式管理
- 大众营销
- 交易验证
- 个人对个人（P2P）支付

统筹的

- 选择性加入的倾向管理：营销警告、提议和赠券。
- 识别位置和环境的服务
- 交叉渠道流程管理
- 账单捕捉

除了 Tower Group 模型中的上述因素，还有其他的一些因素：

社会的

- 社会媒体整合
- 信息的交换，尤其是经验
- 朋友或是亲戚之间生活方式的比较
- 游戏化
- 声音识别
- 改进的 P2P

多企业的

- 与商家的合作关系
- 移动钱包
- 目标营销
- 先进的支付体系
- 无卡和非接触式卡
- 定位营销（比如商家累积奖励）

未来将会有额外的因素，金融机构需要不断地考虑增加入口、带宽以及思考这些因素如何影响人们。

移动银行的营销组合

营销组合是一个商业工具，营销专业人员用其来确定策略。营销组合在确定产品或是品牌的供应方面经常具有决定性，它经常与 4P 具有相同的含义：价格、产品、推销和地点。对于服务的营销，4P 会再增加 3 个 P，从而彰显出服务不同的本质。

原先的 4P 包括：

- 产品，能够满足一个客户的需求或者解决他/她的问题的一件商品，它既可以是有形的商品，也可以是无形的服务。
- 价格，一个客户支付产品的现金数量以及支付方式。
- 推销，一名市场营销人员将产品信息传递到不同群体可能使用的方法，推销包含广告、公关、个人推销以及促销等方面。
- 地点（或分配），它是指将产品放到便于客户接触到的地方。

在服务营销活动中，额外的 3 个 P 包括：

- 有形展示，这是销售特色的一个因素——店面、职员的统一着装、招牌、网址等。
- 人，客户能够接触到的机构的职员。
- 流程，与机构内的体系共同影响营销活动。

分析这七个 P 如何影响移动银行是非常有趣的：

- 对于产品，移动银行使得金融机构能够
  - 将不同的产品通过极好的方式结合：支付、储蓄、交易等。
  - 结合不同的媒介，比如在客户申请开立新账户时对支票或者驾驶证进行拍照。
- 对于价格，移动银行大幅降低了服务的总成本。移动银行不需要客户去往分支机构或者 ATM，这从很多方面都为客户降低了成本，移动银行可以随时使用。在大多数情况下，移动银行的使用并不需要额外的成本，许多金融机构并不对下载 APP 或者大部分的交易进行收费。在一些情况下，金融机构愿意与其客户通过增加储蓄的利息支付等方式来共同分享成本降低的收益。
- 对于推销，移动银行使得金融机构能够基于位置进行个性化的推销，这要感谢手机的全球定位系统（GPS）。
- 对于地点（分配），移动银行可以在任何地点、任何时间、通过任何设备使用。

移动银行也在其余的 3 个 P 方面有所变化和提升，但不幸的是，许多金融机构对这些重要方面并没有给予过多的关注和努力：

- 有形展示强调了品牌和应用程序可用性的重要性，这一点对于许多智能手机的小屏而言至关重要。
- 对于客户关系中心和咨询台，人是重要的基本要素，移动手机在这方面可以有所裨益，因为它本身就是为交流而生的。
- 流程是至关重要的，它们必须相较于传统的分支工作有所改变，它们需要为客户提供更好的体验。

如何推销移动银行

金融机构应该通过多种渠道推销移动银行，应该与前瞻性的客户进行交流，应该告诉现有客户移动银行的好处，这些渠道包括电视、网络和移动设备，金融机构应该强调移动银行所提供的金融服务的特征，比如移动存款和转账。推销的方法应该展现出移动银行是如何顺其自然地成为客户在其移动设备上所做事情的扩展手段，而且实际将这些事情变得更加便利。比如，利用手机的录像功能向客户展示他们可以通过其设备向商家、朋友或任意一名家庭成员转账成为可能。除此之外，还有链接使客户能够登录金融机构的网站，在网站上，客户能够对比账户或者购买其他的服务。

为了推销微型网站，金融机构应该创建各种各样不同的推销渠道：

- 电视和网络视频，向客户展示如何容易地使用附加的功能；
- 商业广告，推销移动银行所具备的功能。

虽然移动银行不断发展，但是客户教育对许多金融机构而言仍是一个挑战，因此，开发其他的类似电视和网络等渠道来吸引新客户以及维持旧客户是十分好的方法。

移动银行的移动网络营销

营销一般是要考虑人们的需求并根据这些需求进行调整，从而最终为客户带来满足感。移动网络营销战略可以很好地应用于移动银行领域。

网络营销必然比理论表达更加广泛，这是一个接触客户不同的新方法，它的起始点与传统营销别无二致：对客户的（目标的）需求进行分析。

机构可以通过电视或报纸为其产品做广告，无论读者或观看电视的人正在看什么，这些广告都会直接将机构的信息插入进去，这会使客户感到被打扰了：在一场电影或阅读中受到打断。

但是在网络营销领域，机构和客户的角色是颠倒的。潜在的客户群体不再被动接收信息，如果他/她有需求，那么他/她将能在搜索引擎中寻找产品。

在拥有精心设计的网页的情况下，客户将能够通过在搜索引擎中寻找满足其需求的产品，一旦找到该产品，客户就会进入金融机构的网站，而后他/她就会进行浏览，从而获得其所寻找的产品/服务的更多详细信息。

移动网络营销是网络营销的最新发展，它与传统的网络营销拥有相同的原理，但是它可以适用于一个非常不同的媒介：移动电话。

传统营销与新的网络营销之间的变革发生在客户的角色转换中，客户已经不再是被捕食者了，他们现在更像是猎食者。

举个例子，金融机构应该在手机软件商店中打出标题广告来推销其移动服务。另外，视频网站中的标题广告也可以成为一种推销手段。

移动银行推销中的社交网络/媒体的使用

一些金融机构在推销移动银行中运用了例如 Facebook 或 Twitter 等

社交网络，这些社交网络在对许多不同的服务和业务进行推销时非常有用，这种方法尤其适合想要通过接触到更多的潜在客户增加其客户基数的小/中规模的金融机构。

然而，社交网络并不能帮助银行真的提高客户在移动银行上的体验。这些平台用来找乐趣、更新新闻、成为虚拟社群的一名成员或者做其他的事情是非常棒的，但是几乎没有银行客户会通过这些社交网络使用移动银行。

推销移动银行一个可能有用的社交媒体是 Foursquare，它是一个以定位为基础的社交网络，它允许一名用户的朋友知道该用户在特定时点所处的位置。

由于这个软件，一名用户可以在一个公共场所（比如商店）登录，那么他/她的朋友将会通过相同的社交网络知道该用户所在的位置，如果该用户的朋友们距离该用户并不太远，那么他们甚至可以联系到该用户。像 Foursquare 这样的社交媒体能够拉近社交网络与现实的距离。

Foursquare 可能并不是移动网络营销和移动银行结合的最好方法，但是基于定位的社交网络在连接移动银行与现实生活方面确实是极好的。

结合移动银行，使用以定位为基础的社交网络可能会按照如下的方法进行：

- 一家金融机构会为其移动银行用户提供一个商家名单（电子地图可能会更好）。

- 机构和商家已经就为登录移动银行的客户给予一定折扣达成一致。

- 移动银行客户有动机来选择一家特定的商家（包括在地图上）、购买该商家的产品/服务、享受该产品/服务、在网上评论来进行分享，而与该用户拥有相同金融机构并从而成为同一家移动银行用户的其他用户会看到这些分享，并计划在不久的未来也要进行相同的体验。

这种方法使每一个参与者都受益：

- 客户因使用智能手机而省钱。
- 商家可以通过移动银行进行免费的广告，从而吸引更多的客户。
- 金融机构能够吸引更多的客户，并且还可以增加现有客户的忠诚度和银行服务的使用率。

举个例子，移动银行中的不同商家会通过推行不同类型的折扣来进行彼此的竞争。

这种可能的移动银行和其他网站所做的（比如团购）之间的差别在于所推出折扣的方式，传统的网站所推出折扣的方式主要是使用电子邮件来让客户知道，而使用定位系统的移动银行所使用的方法则会更加社交化。

QR 码

金融机构会在移动银行营销中使用 QR 码（快速响应），QR 是一种矩阵码，它的主要特征是使客户找到商家的有用信息，使用者可以对该码拍照，随即他/她能立即连上一个包含了特定信息的网站，这就无须再进行搜索、浏览或者浪费使用者宝贵的时间了。

QR 码支持移动支付，这些码还可以填补基于定位的社交网络的少数缺陷。仅仅考虑以下情况：一名移动银行客户去购物，该客户并不喜欢社交网络，尤其是基于定位的那种，他/她不喜欢让任何人知道他/她所在的位置。虽然如此，他/她仍是移动银行的客户，QR 码有助于解决这类客户的问题。商家需要在购物中心的主要进入通道放置一个 QR 码，金融机构可以通过 QR 码提供移动银行客户想要了解的有关商家的所有信息，这些商家正是在该购物中心仅仅为银行客户提供折扣或特别优惠的商家。这将会：

- 成为帮助客户的一种聪明的方式；

- 为那些不喜欢使用复杂软件的客户提供有效的服务；
- 增加最有竞争力商家的业务。

当然，这种方法并不如之前在基于定位的社交网络所描述的那种情况那样聪明、厉害、灵活，但是，这种方法通过以更广泛的客户为目标而增加了服务的多样性。

移动银行的经济性

为了评估移动银行的业务状况或者优势，计算移动银行的 ROI 是十分有用的，因此对可能产生的收入和成本进行评估是必要的。

收入

收入来自于交易费、所得利息以及服务费的余额，对于一项新的业务而言，移动银行盈利能力的关键因素在于平均交易数量和平均浮点数。

移动银行的收入会根据其所提供功能水平的不同而有所差异，接下来的一段涉及本章最开始所提到的修正过的 Tower Group 移动银行多因素模型。从一个因素到多个因素，收入都是特定阶段附加的因素，这些收入在不同因素之间是相互覆盖的。

信息阶段

- 增加客户的满意度。根据 Fiserv 数据（涵盖了对资产在 20 亿美元到 280 亿美元之间的金融机构的采访），经验准则认为可以假定每年有 20% 的交易将会转移到通过移动渠道完成，这会降低分支机构的成本。在意大利银行，移动渠道可以提高 32% 的银行形象和客户满意度。
- 一项 Forrester 客户调查报告支持了移动银行可以降低服务成本的观点。美国移动银行的使用者认为移动银行改变了其对其他银行渠道的使用，43% 的用户认为自从使用了移动银行，他们给银行客服中心打电话的次数变少了，超过三分之一（35%）的用户认为使用移动银行使得他们去分支机构的次数减少了。Forrester 建立了一个模拟银行，该银行拥有 50 万名零散客户，由于移动银行的使用，该银行通过分支机构交通费以及客服中心费用的减少可以达到每年 15 万美元。

交易阶段

- 移动银行客户不太会退出。在之前提及的 Forrester 研究中，所有移动银行客户的退出率比网上银行使用者的退出率低 40%，既使用移动银行又使用账单支付的客户的退出率比网上银行使用者的退出率低 53%。另一项客户调查也同样说明了移动银行可以增加客户的保持率，30% 的美国移动银行使用者认为移动银行使得他们更愿意同获得服务的银行保持联系。这些增加的客户保持率可以提高金融机构的收入，Forrester 分析报告指出拥有 50 万名零散客户的银行由于客户退出率的降低可以每年节省 45 万美元。

- 移动银行客户会享受更大的获益。SunTrust 发现移动银行使用者可以获得 32% 的收益，移动银行和账单支付的使用者比网上银行客户能够多获得 46% 的收益。

- 移动银行增加了使用频率。移动银行的客户在使用移动银行后更加频繁地使用其借记卡，他们平均每月会多进行 3.4 笔交易，这会增加金融机构的收入。对于使用平板电脑上的移动银行，意大利银行发现银行活动和交易活动增加了 50%。

交互阶段

- 移动银行在交互阶段进一步降低了渠道成本。移动银行使得客户从高成本的线下渠道（比如客服中心和分支机构）转移到成本更低、更加便捷的移动渠道。为了节省成本，金融机构必须首先了解每一个银行渠道所产生的平均交易成本，从而决定如何通过向移动渠道转移降低成本。

- 移动银行有助于获得异地存款。金融机构可以通过使用移动银行来减少分支机构的成本（根据 Fiserv 客户调查，每笔交易大概可以节省 4 美元）。

统筹阶段

- 移动银行能够产生更多交易，移动银行的使用可以激励产生价值增值活动，比如使用借记卡。由于能够便捷地获得银行服务，客户增加了其交易的平均次数以及平均浮点数，这会使得每笔交易所产生的收入增加。移动银行简化了交易，比如转账、存款、借记卡的使用等。举个例子，在 Tower Group/SunTrust 研究中，移动银行客户表现出其每月使用借记卡交易次数具有增加的趋势，可能是因为在 POS 机进行支付后，他们能够使用移动设备更好地确认其账户余额。SunTrust 研究表明移动银行客户比网上银行客户平均能够多获得 32% 的收益，且其退出率比网上银行低 53%。假设这些结果与 SunTrust 客户行为一致，如果活跃的移动银行使用者每年额外增加 40 笔借记卡交易，那么按照如今每笔借记卡交易费用为 0.06 美元计算，金融机构可能会从每个活跃的移动银行使用者中获得 2.4 美元（年化）的额外收益。

- P2P 支付是移动银行的一大功能，金融机构可以在客户使用其移动设备进行 P2P 支付时收取一定的费用。根据一些调查显示，一些客户可能愿意为每笔交易支付 0.5 美元到 1 美元的费用。

- P2P 支付和账单支付一样能够增加客户的忠诚度。一旦朋友、亲戚、舍友和商家使用了 P2P，他们就无须再彼此之间书写和传递纸质支票了。由于网络效应，交易数量会增加。根据 Tower Group/SunTrust 研究，同时使用移动银行和账单支付的客户会产生更好的结果：收益率比网上银行使用者高出 53%，退出率低 82%。

社会阶段

- 移动银行有助于扩大客户基数，它能够通过宣传金融机构的创新性、与时代步调的一致性、快速交易的需求的一致性和与客户节省时间的意愿来吸引新的客户群体。

- 社交网络是获取客户行为和情况信息的很好的方式。通过将移动银行与社交网络相连接以及使用先进的数量分析模型，对特定的客户提供个性化服务是有可能的。

多企业阶段

- 移动银行能够使得商家提供资金，商家愿意在客户使用其移动设备对其提供的产品或服务进行支付时向金融机构提交一定的费用。

- 移动银行服务提供了一种通过移动渠道推销服务的方法，它有助于对银行的其他产品和服务进行推销，但这并不是移动银行最大的收益。Forrester 的调查表明 18% 的移动银行使用者认为他们更愿意从金融机构购买更多的产品，通过向移动银行用户提供交叉销售的产品，例如信用卡，金融机构每年会产生 2 万美元的额外收入。

- 移动银行总体会产生 32% 的额外收益，而既使用移动银行也使用账单支付的用户的收益会比网上银行使用者的收益高 46%。

成本

　　埃森哲咨询公司（Accenture）研究了十个全球金融机构移动银行开发的案例，他们发现移动银行开发的全部实施成本在120万美元到280万美元。

　　主要的经营成本包括客服中心的雇员、软件和硬件的维护/操作、通讯成本以及塑料卡（如果被使用）。

　　固定成本主要来源于软件和硬件的获取和开发，以及客服中心的建立，从提供租赁服务的商家手中出租软件甚至是硬件的行为开始出现。

　　营销是一项半变动成本。从某种程度上讲，它更接近于固定成本，因为很难将营销与账户的数量挂钩。由于对于大多数银行客户来讲，移动银行是一个崭新的概念，甚至对于某些人而言，银行本身就是一个新概念，移动银行的成功就需要扩大营销和客户教育，客户需要知道他们能够信任该供应商并且知道该如何使用这些服务。

　　获取一个新的账户的成本主要来源于：

- 下载软件的成本；
- 向分销渠道支付佣金；
- 雇员或是外包成本；
- 客户关系中心建立后打电话的费用。

　　合规也是一项较大的成本，这是因为移动银行可能需要增加收集的文件以及储存和报告的信息的数量。

投资回报

　　移动银行获取新客户的成本越高，每一个账户要实现合理回报期所需的交易数量就越多。

　　在财务中，最终的衡量是ROI。但是在移动银行中，存在几种差别较大的评估方法。Forrester研究给出了一个结论：移动银行的ROI为

15.7%，该研究是以虚拟的拥有 500 万名客户的金融机构为研究对象，该数值是基于成本缩减、客户维系以及通过移动银行服务而产生的交叉销售之上而得出的。

埃森哲咨询公司分析了全球十家金融机构，某些金融机构的 ROI 甚至超过了 300%。

当移动银行获得很大成功（通过客户影响、成本和采用）时，移动银行投资具有很高的 ROI。并不太成功的移动银行开发会使得采用率较低，这可能会使得所产生的回报较小（甚至有可能是负的 ROI）。因此，考虑移动银行的特性对于开发移动银行而言是十分重要的。

在存在如此困难的估算下，要得到确切的结论十分困难。诚然，ROI 并不仅仅取决于产品，它还取决于产品的设计、开发、绩效、功能以及营销。

结论

本章强调了一个事实：渠道营销和经济性对于移动银行而言十分重要，金融机构应该要着重考虑。

金融机构需要了解影响整个客户关系的经济因素。移动渠道的发展距其成熟仍有一段距离，但是金融机构应该将移动银行看作是发展完全成熟的领域，给予它完全的支持。在这一点上，确定有效的多渠道策略是十分关键的。

将费用最小化可以增加客户的参与度，这对未来的机遇十分关键。

估量十分重要，移动银行中最先进的金融机构通常会对移动客户行为的影响拥有很好的把握。估计结果对开发一个有影响力的项目很关键，这可以避免将移动银行仅仅看作是增加成本的来源或是过分要求从移动银行费用中获取回报的风险。

营销对移动银行而言很重要。举个例子，它允许金融机构对金融和非金融产品进行交叉销售，它具有开发新市场的潜力，比如未得到充分金融服务的人群和无金融账户的人群，这些人群都是潜在的未来移动使用者，他们甚至可能都不是金融机构的客户。

统筹生活方式的管理也十分重要，比如偏好、内容、社会关系以及信息。

金融机构能够在技术和功能领域十分成功，在这两方面很强的金融机构往往在移动银行领域能够获得更大的成功，移动银行的领先者会不断监控和利用移动技术的发展。

正如金融机构所进行的许多其他项目一样，管理支持和人员支持对移动银行十分关键。

第4章

机会、挑战和补救

介绍

在考虑一个产品或是一项服务时，最有趣的分析之一就是所谓的 SWOT 分析。

- 优势：能够给予企业或项目压倒竞争对手的特征；
- 劣势：使得团队相较于其他团队处于不利地位的特征；
- 机会：企业或项目能够开发其竞争优势的因素；
- 威胁：能够对企业或项目造成困扰的环境因素。

对 SWOT 进行识别是很重要的，因为它们能够对为实现金融机构目标所制订的计划有所帮助。

使用 SWOT 分析需要提出和回答一些问题，通过这些问题可以获得关于每一类别（优势、劣势、机会和威胁）的有用信息，从而进行有效分析并找到竞争优势。

对于移动银行，这种分析有助于理解实现倡议目标的可行性，并找到金融机构的竞争优势。移动银行的特征（见表 4.1）：

表 4.1　　　　　　　　移动银行的 SWOT 分析

优势	机会
随地	年轻人
随时	无银行账户的
隐私	未得到足够金融服务的
劣势	威胁
网络覆盖	设备的丢失或被盗
屏幕的大小	隐患
多种操作系统	整合

- 移动银行的优势显而易见，用户能够随时随地使用他/她的银行，并且能够自己设定隐私程度。
- 劣势也同样显而易见，移动网络可能会无法获得或者可能网络的信号很差，这种情况正在改善，但是毫无疑问，这在某些地

区仍是一个问题。

- 移动银行的机会是非常大的，年轻人对这个市场非常感兴趣，这不仅是因为他们沉迷于手机，更因为他们代表着未来。如果金融机构能够使这些年轻人成为其忠实客户，那么这段关系将会维持相当长的时间。

- 威胁也同样非常大，手机可能会丢失或被盗。隐患也可能是一个问题，尤其是当金融机构所开发的应用程序并不完善而且并没有正确操作它时。与其他银行操作（其他渠道、其他应用等）的整合可能遭受挑战，而且总是不易实施。

总之，这就是事实，所要开展的行动显而易见：提高你的优势、降低你的劣势，抓住机会并使威胁降到最小。

收益可能会非常高，努力可能会获得非常好的回报，最后的建议如下：

- 清楚地知道你的目标；
- 对你的目标市场进行全面的、详细的 SWOT 分析；
- 设定详细的、可实现的目标；
- 谨慎前行：步步为营。你可以吃掉大象，但只能一口一口地吃掉。

移动、风险和改变

当金融机构着手推进移动银行时，权衡移动银行使用所带来的收益和风险是十分关键的。

在过去几年，移动领域曾经历过一场革命性的转变，而不久的将来将会迎来更多的变革。如今正经历着重大创新，无线技术以及云计算开始被广泛使用，云计算使得通过移动设备连接应用程序和一个机构的数据更加便捷。因此，对决策者要继续提高其增长以及创新所面对的挑战和应该持有的警惕进行分析是十分重要的。

移动设备使用越来越频繁的原因包括以下几点：低成本、易用性以及客户和企业的大部分需求。

用户更加偏向使用自己的设备、平板电脑和笔记本电脑，而非机构提供的设备，这就是所谓的自带设备（BYOD）。

BYOD 规则必然会增加机构遭受内部威胁的风险，最大的挑战来自于在确保符合机构规章的前提下，管理与利用移动渠道获得企业数据和应用相关的风险的能力。

对个人所有权与企业数据和应用的规定的权衡是非常重要的，即便是一家企业使用工具来管理设备，它仍会面临许多限制和问题。一个相关的问题就是处理麻烦的用户基础，用户可能会担忧机构会监视他们的每一步行动。一些国家设立了一些规则，这些规则使得机构很难使用类似的监控和管理体系。

当下的情况如下：

- 对移动设备恶意的威胁不断增加；
- 用户的疏忽十分常见；
- 用户偏向于能够廉价地使用服务、内容和数据。

所有的这些都会对这一领域的采纳和创新所需的资讯沟通技术（ICT）、安全与服从指示不断产生挑战。移动市场发展非常快速，大部分部门都无法跟随其脚步。移动市场是一个非常值得探讨的领域，它也展示了如何面对和解决这些挑战的方法。

确定和执行政策是非常重要的。在他们的定义中，ICT 应该包含风险、法律和合规部门，机构应该根据类似以下方面确定政策：

- 使用许可；
- 使用社会网络；
- 蜂窝网络；
- 移动设备；
- 数据管理；
- 职员准许。

机会

移动银行客户是有价值的：富有、年轻并对有利可图的金融机构产品和服务感兴趣。这些服务能够为金融机构节约成本，随着移动银行用户数量的增加，访问分支机构的用户数量大幅下降。标枪战略与研究公司发布了一项报告，名为《利用金融机构的全方位渠道方法：为移动银行 15 亿美元的利润而奋斗》。

越来越多的证据表明用户不断增加的数字化技术采用率改变了以分支机构为基础的分配模型。从 2010 年开始，分支机构的访问量下降了十个百分点，而移动银行则上升了相同的数量。对于传统的金融机构，面对面交易所产生的成本为每笔交易 4.25 美元，通过移动银行可以将成本下降到 0.10 美元。

挑战

与移动银行相关的挑战有许多，这一部分将会列举一些挑战，它们不应该阻止移动银行的进一步传播。当然，这些挑战确实需要进行合适的补救，从而降低其发生的概率和产生的影响。

安全

安全是主要的挑战之一，因为对于移动银行，金融机构无法控制网络，尤其是设备，还因为许多用户对安全非常关注。必须尽力去面对并克服这一挑战，要检测移动银行应用程序安全的稳健性，渗透测试是一个好的方法。

下一章将会对安全进行更加详细的探讨。

整合

与移动银行相关的一个挑战是与现有的银行体系的整合，这种整合是十分必要的。十分有趣的是，这是一个类似组织问题的技术问题。对于组织问题，解决方法之一（正如 Hello 银行所做的那样）就是与传统金融机构完全分离，而这对于信息和电信应用程序而言是不可能的。金融机构需要将移动银行应用程序与金融机构成百上千的其他应用程序（核心银行业务体系、金融体系、风险管理、报告和合规应用等）整合起来，在公共云上建立移动金融机构或许可以解决其中的一些问题，但并不是所有的金融机构都愿意这样做。

手机的可操作性

移动手机必须要考虑的一个问题就是存在许多的操作系统、手机、运营商等，这些都不在金融机构的控制范围之内。金融机构可能会使移动银行能够在任何设备、任何时间、任何地点使用，实现这一点的要求很多，比如要满足不同的操作系统如 IOS、安卓、微软、Palm、黑莓等。

如今移动设备的种类纷繁复杂，所以金融机构所需面临的另一大挑战就是所提供的移动银行要符合所有类型的移动设备，其中一些设备支持 Java ME，而另一些设备则支持 SIM 工具应用包、无线应用协议（WAP）浏览或者仅仅是 SMS。

由于缺乏移动银行之间的共性技术，移动银行应用之间的相互操作同样是一大挑战。事实上，从服务的生命周期而言，在单一国家内要解决相互可操作性问题还为时尚早。在实际中，银行的界面已经非常清晰了，金融机构之间的转账遵循 ISO-8583 标准。随着移动银行逐渐走向成熟，服务供应商之间的现金流动也应该自然而然地遵循银行业的统一标准。

风险管理

对移动银行的担忧是真实存在的，即便不在现实中表现出来，也一定会在某些客户和经理的脑海中。探究如何以合理的方式处理这些问题是很有用的，而风险管理在这一方面有所裨益，处理的方法应该以所谓的"3P"为基础：预测性、主动性和规范性。

企业风险管理是对会影响企业绩效的可能发生的事件进行识别，其目的在于将威胁控制在可接受的风险程度内并且对企业目标的实现提供合理的保障。风险管理应该是一个持续的过程，它对整个机构都会产生影响，它应该用于企业独立的各项资产中（每一条产品线和每一个组织单位）。

一个项目的风险管理应该包括以下阶段：

1. 识别客户的价值：识别要获取的目标；

2. 风险识别：识别金融中的风险；

3. 风险评估：确定风险的概率、影响以及能力，从而可以对已识别风险的发生对企业产生的影响进行早期警示；

4. 风险设定：找出需要测量的内部/外部风险源以及用于风险识别的风险关键指标（KRIs）；

5. 风险监测：建立报告机制，使得金融机构能够监测风险变化并及时反映出任一风险概率/影响的增加；

6. 风险应对：当一个风险增加时展开行动，包括补救、降低、保险甚至是接受。

技术和经验

移动银行的另一挑战是市场上并不存在许多可以用于设计、发展、监测、调配以及维护移动银行渠道和其安全性的技术，建议雇佣极好的咨询师和机构。

补救

对本章之前提出的诸多挑战存在许多可补救的方法，下一章将会阐述对安全问题的补救措施。

一旦开发了移动银行应用，最重要的补救方法就是提供卓越的服务，主要的方法将在下一部分进行讲述。

人力保障

一旦金融机构对其客户开放移动银行，他们期望看到移动银行能够得到持续的采用，至少是在短期。作为应用程序易用性的证明，帮助说明必须最小化。

另一方面，客户可能会需要帮助。提供帮助变得非常重要，这可能会包括与咨询台聊天、谈话或者是短信交流。谈话是最好的，因为其他的方法可能会造成误解或者需要太多的输入。金融机构希望使用并不昂贵的交流方式。

提供的另一种方法是"技术的管家"。举个例子，航空机构已经开始在机场采用自助登机来替代人工登机。如果将乘客放在一个不熟悉的机器面前，乘客也许更愿意在人工登机处排队，而非尝试在一台机器上办理登机手续。但是如果在一开始的时候，机构能够安排相应的工作人员指引乘客使用自助登机系统，并帮助乘客使用两到三次自助系统，那么乘客在第四次办理登机手续时可能会直接走向自助登机处。同样，金融机构可能也要（通过在线或电话）提供服务来指导客户使用移动银行，事实是拥有移动电话的客户将会简化流程。

这种向移动银行的转换开启了一页有趣的篇章：移动银行的分支机构不再被看作是能够进行任何银行交易的场所了，分支机构越发趋向成为一个更加高端、专业的场所，甚至在客户看来，它成为了可能的选项和关注焦点，这需要对人力资源进行完全的整顿：前台职员应该花费更多的时间来管理拥有高附加值的复杂工作，从而使分支机构能够继续存在。

在线聊天

移动聊天本质上就是向金融机构发送信息，但是大部分大型金融机构并没有在线聊天功能。然而，移动聊天反映出了客户对移动银行依赖性的增加以及短信使用量的增加，对于金融机构和其客户而言，移动聊天是双赢的。

移动聊天对每一个人都有益，它没有电子邮件正式，也比打电话更节省时间。

对于金融机构而言，移动聊天允许客户服务代理能够同时解决许多问题。如果聊天功能要在登录后实现，那么金融机构可以提供更加个性化的体验，服务代理有可能看到客户的信息、账户历史以及客户服务交流的历史记录，最后这些对话很有可能会变得更短、更加高效。一个应用程序嵌入式的移动聊天功能有助于减少电话等待的时间以及在分支机构内排队的时间。

正如其他的交流方式一样，移动聊天同样是推动服务销售（S2S）的另一渠道，金融机构还利用与客户交流的机会来推销其他的服务。

此外，金融机构还能够考虑通过将移动聊天与其安全客户通信平台（如果金融机构提供的话）相关联来提高移动聊天的效率，安全通信平台可以通过延续聊天（甚至在对话结束后）来辅助移动聊天功能，比如，后续的服务评估在提升客户服务体验方面扮演着主要角色。聊天也允许屏幕共享，从而服务代理能够向客户展示操作移动应用程序和网页。移动聊天发展的下一阶段将会是视频聊天。

在美国，以移动为中心的金融新兴机构将会通过提供移动聊天服务获益颇多，像美国的 Simple、Moven 和 GoFinancial Institution 等金融机构将会成为采用移动聊天的推动力量。

总结

移动银行不仅有许多的挑战，它更提供了许多机遇：为所有群体增加价值、降低成本并获得更多的客户，移动渠道在客户与金融机构的交流和交易方面尤其有效。

从积极的角度来结束本章内容，虚拟和非实体是移动银行的显著特征，它适用于许多市场，只要金融机构愿意，比如在几个月的时间内，法国巴黎银行在四个欧洲市场推出了 Hello 银行，这会带来巨大的规模经济。对金融机构而言，这存在一个挑战，金融机构需要针对不同的国家、语言、文化、经济、客户类型等设计出一个解决方案。全球化对此可以有所帮助，但是金融机构仍需要保持掌控。

最后，移动银行是在银行业中如何利用精益和数字化方法最好的案例之一，随着经济危机的延续，这会是一个巨大的机遇。

第5章

移动商务的监管框架

介绍

移动银行的成功有许多原因，比如：

- 可以简单且相对便宜地连接到通信网络；
- 低市场壁垒；
- 商务、人之间交流的全球化性质越来越显著。

由于合约双方没有直接接触，移动银行和电子商务类似，需要透明清晰的监管规定。

缺乏直接接触使得很多潜在客户对这样的渠道有所疑虑。消费者关注个人信息的隐私性和安全性（尤其是，举例来说，个人身份识别号或信用卡信息）及进行电子交易时，对传送数据中的潜在误用可能而金融机构和监管者更关注诈骗和洗钱的问题。

因此，合约方必须依靠法律为自己使用移动设备进行的交易提供保障。消费者应该能够信任自己个人信息的保密性。而这时一个定义明确的监管框架对于提升消费者信心、提高潜在消费者对于移动银行的接受度和保证移动银行的顺利运作至关重要。

法定监管框架目标是通过制定规则、监督市场和使用已有的以及刚出现的技术，保护和平衡消费者与金融机构的利益。他们倾向于对交易实施最严格的限制。

好消息是大多数这些交易的进行就像任何其他的金融流入或流出的交易一样。在涉及移动银行的问题时，人们可能会关注它与其他渠道不同的功能，比如远程设备连接（RDC），个人对个人（P2P），以及金融机构的移动应用。

对消费者和数据保护的监管

欧盟（EU）把个人数据定义为"任何与身份能够识别的自然人相关的信息"（EU 监管条例 45/2001，第 2 条）。

适用于移动银行的监管规定通常以五条原则为指导：

1. 合约法律效力的强制性；

2. 消费者保护；

3. 数据的私密性（不必要的、未经授权的数据禁止采集）；

4. 数据机密性（防止数据被误用）；

5. 自我决定的权利（接受或者拒绝沟通）。

移动银行，作为一种最近刚兴起的现象，还没有作为一个独立的商业领域引起立法者太多的注意。在很多国家，通过移动银行进行的交易由电子商务和通信监管部门负责管理。有些欧洲国家已经制定了相关规定，以提供可靠的、现代的法律框架，从而更好地利用这些新技术的益处，同时确保高水平的消费者保护。

很多监管措施源于多边条约，比如欧盟或者联合国组织（UN）。其他的国际组织，比如经济合作与发展组织（OECD）、世界贸易组织（WTO）和世界知识产权组织（WIPO）也都积极支持成员国建立相关的监管框架。由于互联网跨国的特性，国际监管也很重要，即使不同国家监管的程度可能不同。

欧盟已经颁布了12条指令，确保法律确定性和消费者信心。这些指令（尤其）从以下方面对监管框架进行了规定：

- 受法律约束的电子商务合约；

- 管辖权和适用范围的确定；

- 消费者和信息保护；

- 知识产权（IPR）保护；

- 争端解决；

- 网络犯罪；以及

- 税收体制。

欧盟的规定在确保符合国际规则的同时，又为成员国制定了监管框架，最重要的是，《电子商务示范法》被联合国国际贸易法委员会

（UNCITRAL）通过。（译者注：1996 年 12 月 16 日，联合国国际贸易法委员会第 85 次全体大会通过了《电子商务示范法》，该法是世界上第一个电子商务的统一法规）。

对于移动银行产品、服务和实践的监管随着技术的一代代更新不断发展。金融机构有必要进入移动新世界，跟随规则和监管的脚步，与时俱进。

违反法律规定不仅会使金融机构面临接受监管调查和罚款的风险，还会打击消费者信心，让他们对金融机构能否使用最新的技术为消费者提供充分和公平的保护保持怀疑。

从向金融机构提供技术的供应商角度考察（以美国为例），在执行消费者移动战略时，有至关重要的几点需要核实：

- 供应商的信息安全计划符合《金融服务现代化法案》（GLBA）的规定吗？（译者注：《金融服务现代化法案》亦称《格雷姆 - 里奇 - 比利雷法案》，美国国会 1999 年通过，规定金融机构必须确保客户数据安全保密，规定数据必须保存在隐蔽的媒介中，必须采取特定的安全措施来保护数据存储及传输安全。这部法案的通过还标志着美国银行业从 1933 年以来的分业经营时代的结束）。

- 消费者是否有机会获取适当的信息披露和通知？

- 有新的动态或者进展，是否可以便利地与消费者沟通并说服他们接受？

- 如果信用信息可用，那么信用系统是否与《诚信借贷法》（TI-LA，Z 条例）相符？（译者注：《诚信借贷法》又称 Z 条例，1967 年在美国国会通过，成为美国的联邦法律。这部法律要求信用机构以信息公开的方式披露发放信用的额度和条件，使消费者能够根据自己的意愿选择信用机构）。

在了解这些问题的答案之外，金融机构还需要确保有一个合规小组

（或者指定专人负责合规相关的事务），以适应可能影响移动银行应用的监管规则的不断变化。事实上，这也是许多国家中央银行的要求。

有时候监管规则具有欺骗性。有时候虽然一些监管规则看起来对移动应用并没有明确的影响，但这些规则有可能给金融机构带来间接的影响，当金融机构在规则要求的截止期限前没有满足合规性要求时，金融机构就会处于不利的情况。

金融机构推出移动银行服务时，他们需要考虑在移动银行环境中怎样进行客户认证。这一点尤其重要，因为客户最关注安全性。美国联邦金融机构检查委员会（FFIEC）《互联网银行环境认证指导》是一个比较好的资料来源。这个指导文件最初于 2005 年 10 月发布，增补版 2011 年 6 月发布。虽然这两个文件都没有明确提到移动银行，但美国联邦存款保险公司（FDIC）《2011 年冬季监管视角》还是提示读者参考上面的指导文件。这要求金融机构对每一项技术创新比如移动银行进行风险评估。对每年不断更新的移动银行进行完整全面的评估非常重要。

美国应该把《金融服务现代化法案》第 5 章考虑进去（译者注：金融服务现代化法案又称格雷姆－里奇－比利雷法，1999 年美国颁布，这部法律规定了金融机构处理个人私密信息的方式，包括三部分：财产保密条款、安全维护规则、借口防备规定）。法案要求金融机构保护客户信息安全。金融机构需要至少每年一次，对移动银行信息的安全威胁进行风险评估，这样才能合规。

客户隐私保护和未经授权的个人信息使用防护是立法者首要关心的问题，一方面是用来保障公众利益，另一方面也是为了增长客户对电子商务的信心。出于这样的目的，好几项严格的监管规定已经开始实行，例如：

1. 只有经过用户口头和书面的准许，才能收集、处理、使用个人信息；

2. 如果用户可以以电子化的方式表达他/她的同意意见，供应商必须保证准许是由用户清晰无误、意图明确的情况下给出的；

3. 用户任何时候都能够看到准许的文本；

4. 用户可以在任何时候撤回准许；

5. 除了已经写明的用途以外，个人数据不能被用于任何其他目的；

6. 用于不同服务的用户信息需要经过单独处理；

7. 不再需要的数据必须立即销毁；

8. 客户档案，即使是匿名的，也只能在客户同意后创建；

9. 用户可能会对储存在机构的数据信息有所要求；

10. 金融机构违反这些规定或者没有告知用户权利造成行政犯罪，可对其施以罚金。

在金融机构开始提供移动银行服务之前，很重要的一点是检查已有的信息披露，看这些披露是否覆盖了移动渠道。如果没有，机构需要提交更新之后的披露。更新应该包括对移动银行的所有限制，还应该提醒客户数据储存和在什么交易中会对手机服务收费。

如果金融机构允许 P2P，那么他们有必要考虑汇款规则。在美国，《监管 E 修正案》对移动应用进行了明确规定，并允许通过移动设备执行交易进行移动披露。

这些监管是基础、通用的一些规定。法律也为特殊情形提供例外。政府部门会对这些例外情况授权。

移动交易（调查、交易监测）

一旦客户激活移动银行服务，这里就有需要他/她考虑的旧的和新的合规性问题。在美国，无论客户在移动应用或移动银行 APP 中使用银行借记卡时是否出现问题，金融机构都要对违反《监管 E》的错误承担责任。最重要的是，所有对于错误解决的传统规定都适用，比如"错误"的定义、客户责任限制、调查时效性和临时贷记。

然而，金融机构怎样对已经报告的错误进行调查，这是更为复杂的问题，因为人们不会和他人共享钱包，却倾向于向别人分享手机。

移动银行和移动商务

分析德国在与移动银行紧密相关的移动商务方面的法律系统非常有意思，在欧洲国家中德国的监管非常具有代表性。

在德国，移动商务由《信息与通信服务法案》（IuKDG）负责组织。这个法案由很多相关条款和子法律法规构成，法律体系中最基础的法律包括：

1. 《电子商务法律框架环境法案》（EGG）；

2. 《电信服务法案》（TDG）；

3. 《电信服务数据保护法案》（TDDSG）；

4. 《条件接收服务保护法案》（ZKDSG）；

5. 《媒体服务州际协定》（MDStV）。

另一部相关的法律是《远程销售法案》，它并不是 IuKDG 的组成部分。这些法律法规遵循欧盟在电子商务方面的指导（2000/31/EC），被整合到德国民法的卷一（总括）和卷二部分（法律义务）。

结论

本章虽然没有对移动应用相关的法律进行详尽的介绍，但对那些必须牢记在心的法律规定提供了概述。

第6章

移动安全

介绍

移动银行领域，移动安全已经成为一个日益重要的方面。通过对15 亿移动设备的分析得出，2013 年 7 月美国所有线上金融服务交易的20% 都是在移动设备上完成的，比如智能手机和平板电脑。2013 年 1 ~ 7 月，这一数值比原来的 18% 上涨了两个百分点，在 2012 年，这一比例只有 11% 。

移动技术正在给信息交流系统的组织形式带来深刻的变革，因此它们也成为新的风险来源。实际上，智能手机和平板电脑已经可以收集并且处理大量的敏感信息。但出于保护账户信息、用户隐私、知识产权和金融机构名誉的考虑，这种情况下需要对权限保持控制。

所有的智能手机，就像电脑一样，很容易成为受攻击的目标。这些攻击的实现往往利用智能手机社交沟通中的漏洞，比如短信（SMS）、彩信（MMS）、无线网络，以及全球移动通信系统（GSM），还有应用软件的脆弱性，以及用户的不慎操作。

对此，也有一系列安全反制措施被开发并应用到智能手机和平板电脑上，从软件不同层面的严格的安全限制到提醒用户意识的各种操作。从设计到使用，这些有益的实践涵盖了各个层面。

移动安全的挑战

很多金融交易是远程完成的，金融信息在空中传递，这或许是金融交易安全面临的最为复杂的挑战，需要由移动应用开发者、无线网络服务供应商、金融机构信息通信部门以及消费者联合解决。

对于通过无线网络完成的金融交易，安全方面的基础设施建设需要从以下几个方面落实：

- 手持设备的实体部分。如果金融机构能够提供更多以智能卡为基础的安全服务，设备的物理安全也更为重要；

- 银行顾客仅仅有用户身份验证或密码验证是不够的。最理想的方式是，应用实际的或虚拟的口令。一次性密码（OTPs）与传统的字符串密码原理不同。用户在每次使用网上银行或移动银行进行敏感性交易时，必须使用一次性密码。当请求被接受之后，密码会以短信的形式发到消费者的手机上，或者在 U 盾上显示出来。密码在被使用之后，或者在有效时间段已经过完之后，密码就会作废；

- 传送之前数据需要进行加密；

- 对用户储存在设备里用于进一步/离线分析的数据需要进行加密。

潜在的威胁

消费者担心诈骗犯使用越来越复杂并且恶意的技术，比如：

- 越过现有的认证控制；

- 控制消费者账户；以及

- 把账户里的钱转移到钱骡手中，而这些钱骡可以在金融机构和法律监管之外便利地转移这笔钱（译者注：钱骡指通过因特网将用诈骗等不正当手段从一国得来的钱款和高价值货物转移到另一国的人，款物接收国通常是诈骗分子的居住地）。

许多诈骗方案以中小企业客户为目标，因为他们的账户余额通常比自然人要高，交易活动更为频繁，这使得那些诈骗性的财产转移不那么容易被发现，并且通常相比于大公司，这些中小公司负担不起大量的网络安全防御措施的费用，因此更容易攻破。

智能手机用户在使用手机时面临各种各样的威胁。根据 ABI 的研究，仅仅在 2012 年下半年，针对手机的威胁就上涨了 261%。

金融机构应该留意这些会对他们的移动银行服务带来影响的潜在威胁。这些威胁可能会扰乱智能手机或平板的操作，传送或者修改用户的数据。基于这些原因，开发出来的应用必须保证隐私、保护性和对他们所持有的信息的整合。此外，有些应用本身就是恶意软件，对它们的功能和活动必须加以限制（举例来说，通过全球定位系统［GPS］获取位置信息的权限、通讯录、网络数据传送和发送短信等等）。

对移动银行发起的攻击中攻击者的主要目标有两个：

- 数据：有移动银行使用记录的智能手机可能存有敏感数据，比如个人识别号码（PINs）、卡号、登录信息、私密信息等等；
- 身份：智能手机是高度个人化的产品，所以一台设备或者设备里的内容与特定的人紧密相关。举例来说，每个移动设备都可以传送与手机所有者相关的信息。攻击者可能通过盗取一台智能手机或平板电脑所有者的身份从事其他的犯罪活动。

这些攻击都来源于非移动计算领域的共同的行动者：关注上述目标的专业人士，以及想通过他们盗取的数据或身份获得收入的小偷。小偷们为了提高自己的潜在收入，会攻击许多人。

可能的攻击是：

- 基于全球移动通信系统（GSM）网络进行。攻击者可能试图破解移动网络的加密措施。一旦 GSM 的加密算法被破解出来，攻击者就能够获得受害者智能手机或平板电脑上所有不加密的信息。
- 攻击者通过窃听无线接入点（WAP）获取信息（比如用户名，密码）。这种攻击并不对智能手机唯一的攻击。然而，手机在这类攻击面前特别脆弱，因为通常情况下，无线网络是攻击者进入网络的唯一方式。
- 基于软件应用的脆弱性。
- 基于手机操作系统或手机应用的漏洞。

后果

当攻击者可以感染一部智能手机或平板电脑时，他/她会尝试做以下几件事：

- 操控这台设备，使它变成一个僵尸机，也就是说，攻击者可以利用这台设备交流，并且可以发送那些涉及敏感交易的指令；
- 记录用户与其他人之间的对话并把它们发送到第三方，这会带来用户隐私和经济安全问题；
- 盗取并占用用户身份（复制用户身份识别卡［SIM］，电话等信息），从而冒充手机所有者。在那些可以通过智能手机购物、查看金融机构账户，或者手机可以证明身份的国家，这种行为会带来对移动安全的忧虑。

诈骗犯使用的一个有效的工具是键盘记录恶意软件。击键记录器是一个软件程序，可以记录安装到某台设备上的每一次按键，然后把按键的数据传送给网络上控制恶意软件的人。诈骗犯利用击键记录器获取登录 ID 和密码，盗取金融机构的客户设置的密码保护问题的答案。诈骗犯仅利用这条信息，或者利用它和下载到诈骗犯设备上的浏览器 cook-ies，就能够登录消费者账户，并把资金转移到骗子控制的账户上来，通常这可以通过有线或自动票据清算所（ACH）的交易完成。

其他更为复杂的恶意软件允许诈骗犯发起中间人（MIM）或浏览器中间人（MIB）攻击。在 MIM/MIB 攻击中，诈骗犯处于消费者和金融机构之间。他/她从线上环节打劫。在一种情形中，诈骗犯能够拦截消费者提交的身份验证信息，登录消费者的账户。在另一种情形中，诈骗犯虽然没有拦截验证信息，但对交易内容进行篡改或者在里面插入消费者没有授权的其他交易，把钱转到由诈骗犯控制的账户中。

MIM/MIB 攻击可能会被用于绕过一些难以攻破的身份验证方法以及其他控制，包括一次性密码（OTP）。一次性密码通常在生成 30 秒到 60 秒之内有效，诈骗犯就可以利用这段间隙插手交易，使用 MIM/MIB 实时控制，损害消费者账户。

管控

有些安全技术有助于监测并防止上面提到的攻击类型，消费者应该关注这些技术。其中有些已经在一些场合会用到，另一些还相对较新。

对策

本章会对反击那些上文提到的有威胁的安全机制进行介绍。它们可以被分为不同的类别，因为不是所有功能都拥有同一水平。这些安全机制涵盖的范围从对操作系统的安全管理到对用户的行为教育。而这些措施所拦截的威胁并不相同，要因情况而异。考虑到以上两个例子，首先需要应用保护系统不出错，第二要防止可疑软件的安装。

应用控制

防病毒与防火墙

防病毒软件可以装到某台设备上，证明它没有被已知的威胁感染，最常见的防病毒软件是签名检测软件，它可以用于检测恶意的可执行软件。同时，防火墙能够监管现有的网络流量，确保恶意应用程序无法通过防火墙进行通信。它还可以确保安装过的应用程序不会进行可疑的通信，从而阻止入侵。

交易确认

在上面提到的情况下，特定的操作要经过客户的确认，这一点非常重要。图灵实验有助于区分人类和虚拟用户。这种实验通常以验证码（captcha，全自动公开地区分人类和计算机的图灵测试技术）的形式进行。理论上，一台计算机是不可能通过这种实验的，因此可疑活动受用户选择同意或拒绝支配。

一个更为简单的方法是使用实际的或虚拟的口令对特定的相关交易进行确认（比如转账）。

安全软件

在操作系统安全之上，安全软件是一个层面。这一层面由独立的组成部分分别加强不同方面，防止恶意软件、入侵、人类用户身份识别，以及用户身份验证。

这包括一些从计算机安全中学到的经验。对于手机或平板电脑来说，这种软件必须受到更大的限制。

下面的章节会介绍一些可用的安全系统。

身份验证

金融机构应该对安全和身份验证采用分层的方法。举例来说，第一层，金融机构应该要求消费者用他们的移动设备注册已有的在线账户。第二层，它们应该要求消费者每次通过移动设备登录账户时都输入密码。然而，需要注意的是，我们讨论的这些管控没有一个能够百分之百地阻止或识别攻击，原因在于攻击的类型也在不断创新。

消费者应该留意这样一个事实，很多机构对交易数额高的或反常交易要求进行带外身份验证或证实。带外身份验证指通过某种传送渠道（比如，移动设备）提交的交易必须通过一条独立的传送渠道（比如，电话）进行身份验证或确认，这样才能完成交易。考虑到消费者的移动设备面对恶意攻击越来越脆弱，带外身份验证已经越发普遍。

然而，通过发起交易的同一台设备进行带外身份验证可能就不那么有效了，因为设备可能已经受到攻击。对于企业用户来说，除了发起交易的人员，还有其他人能够提供带外身份验证或确认。这或许可以与其他的管理措施相结合。

此外，变更线上商业账户时使用带外身份验证或确认，也能够成为一种有效的降低诈骗性质的转账的方式。

联邦金融机构检查委员会对提高安全性提出了一些指导方针。

- 使用受限制的转账收款人名单或控制那些凌驾于管理机构之上的名单，可以降低转账诈骗的风险。诈骗犯必须频繁地在一个账户中添加新收款人才能完成诈骗。

- 整体上，所有人都同意金融机构不应该只使用单一形式的消费者身份认证。单一维度的消费者身份认证计划不够强健，不能提供消费者预期的安全防护，也不足够保护金融机构免遭金融和声誉风险。

分层的安全控制并不一定非常复杂。举例来说，除了登记身份验证之外，分层安全控制还可以在执行消费者授权转账的当日指令，或使用受限制的转账收款人名单时进行。

金融服务机构正在持续创新，以应对越来越险峻、威胁无处不在的网络环境。其他对于消费者身份验证的控制方法还包括以击键力学和生物识别技术为基础开发出的应对措施。此外，金融机构可以依靠在传统业务或创新业务的过程中采取措施提高消费者线上活动的安全性。这方面的例子包括：

- 创建、限定并阶段性地检查交易量和交易值限制或参数，对线上系统的评估既包括对企业消费者总交易量/额的限制，也包括对相关用户单独可以完成的交易量/额的审查；

- 对异动的监测和警告；

- 基于估测的账户活动，设置个人交易和总账户交易限制；

- 列出或登记那些享有特殊的优先权、服务、移动性或权限的用户（比如用于阻止支票诈骗的现金管理服务），并/或者将他们列入黑名单；

- 要求每个自动票据清算所的存档机构在线上材料提交之前提供主动通知；以及

- 要求企业消费者在线上进行较高风险的交易时采取双重管控
措施。

权限控制

移动渠道和其他自助服务渠道，比如互联网之间的主要区别在于
"已知设备"的概念。设备识别是移动安全的非常关键的一部分，因为
它是双因素安全模式中的第二个要素。对于那些用户量大的应用安全问
题，应用要具备本地储存和数据处理的能力。这允许手机和电信运营商
内置应用之外的安全方面的支持。例如，每次下载应用应该有其独特的
ID 和 PIN，这样可以保证服务器请求的有效性，并发现潜在诈骗活动。

由于每次下载的应用都被分配了一个 ID，那么拥有大量用户的应
用就会生成多重认证。我们建议把移动端认证整合到金融机构已有的多
重认证系统之中。其他强认证措施包括硬件和软件凭证或生物特征识别
的方法。

设备指纹验证

设备指纹验证进一步通过动态捕获特定移动对象——移动运营商、
设备类型、移动电话号码，增强了安全性。然后这些对象可以用于确定
许可哪些交易，为金融机构和用户们提供更高水平的确定性，尤其是在
进行大额交易时。

生物特征识别

最有效地区分消费者的方法就是生物特征识别，虽然这种方法还没
有被广泛应用。生物特征识别是通过识别某个人的形态（指纹、虹膜）
或行为（字迹）确定身份的技术。使用生物特征识别的优势在于用户
不需要记住一个密码或验证身份的其他加密组合，并且可以把恶意用户
登入设备。在生物识别安全性强的系统中，只有主要用户能够登录手机

或平板电脑。具备这种识别技术的商业设备在市场上越来越多了。

反恶意程序软件

反恶意程序软件可以防止键盘记录程序和 MIM/MIB 攻击。反恶意程序是一个术语,通常指反病毒或反间谍程序的软件产品。反恶意程序软件有助于阻止、发现、拦截并清除广告程序、间谍程序,以及其他形式的恶意程序,比如键盘记录程序。

反恶意程序通常以签名为基础,一些高级的恶意软件可能会持续更换它们的签名。

交易监测/异常检测软件已经使用很多年了。与信用卡行业监测并拦截诈骗交易类似,系统现在可以用于监测涉及可疑转账的移动银行活动。它们可以在完成交易之前阻止可疑转账,并警告机构和消费者,从而进行进一步验证或停止转账。

手动或自动交易监测/异常检测有助于预防诈骗转账,当把这些交易与用户固有的行为习惯比较时,就能够清楚地发现它们与正常交易不同。自动系统可能还会关注交易速度以及其他类似因素,确定交易是否可疑。

加密

加密可以通过两种方式进行:

- 储存数据加密。智能手机和平板电脑的储存容量很大并且在不断增加,它们可以储存几个 G 的数据。用户必须对它们携带的数据以及是否应该加密格外注意。个人数据不应该被储存在应用本地。所有有内存的敏感信息,比如密码、pins、密钥应尽量从应用上抹除或者重写。此外,用户停用某个设备时,必须清除设备上的所有个人数据。
- 传送加密。因为交换的数据总是存在被拦截的风险,交流甚至信息储存，应该通过加密防止任何恶性软件在交流过程中获取数据。这引出加密算法的密钥交换问题，算法需要一个安全的渠道。

加密的主要选择是传输层安全协议（TLS）。所有的智能手机或平板电脑都支持TLS。它为从手机传输到金融机构内部服务器上的数据提供了一个经验证的工业标准安全性协议。

资源检测

应用通过各种类型的安全屏障之后，才可以执行它本来设计好的命令。当这些指令触发时，如果对手机上的资源进行监测，有时会发现恶意应用的活动。入侵的后果取决于恶意软件的目标，因此结果不尽相同。恶意应用并不一定会损害它们侵入的设备。

记忆、网络，或者任何移动资源的使用都是内置在应用中的。然而，如果发现相当大比例的移动资源被某个应用使用，或许能把它标记成"可疑"。应用应该发送警告或者完全停止交易。

网络控制

智能手机上，许多应用只有连接网络才能正常操作。

渗透测试

应用渗透测试（或渗透测试）通过模拟攻击一个网页或移动站点，达到评估应用安全控制的有效性的目的。目标是发现可能的可利用漏洞带来的风险。渗透测试模型是在一个友好的黑客进行手动测试过程的基础上建立的。这个过程比一般响应、假阳性结果、自动应用评估工具生成的缺乏深度的结果要更为深入。

移动设备和移动应用渗透测试帮助机构精确定位并修正它们的移动应用以及设备的漏洞，还有助于机构理解新的移动平台或移动应用带来的风险。

随着应用添加新的特征，环境中出现新的威胁，金融机构应该定期进行移动渗透测试。

经验表明渗透测试对于了解安全系统的漏洞非常有用。很大程度上，它们能够帮助开发者改进工作。

移动银行的安全建议

理解这些安全风险，并且采取多种措施对移动产品执行最高级别的安全控制，这对于产品的成功和使用十分关键。事实上，接受艾特集团 2010 年 10 月调研的 43% 的金融部门声称它们出于安全的考虑，不会采用移动银行。

许多行动应该被采取，以提高安全性。这些行动的有效性并不是 100%，不过它们的确可以降低与移动银行有关的风险。

用户意识

用户意识是要采取的最重要的措施。它对防止安全漏洞，以及对提高在漏洞的检测和修复方面都至关重要。

由于用户的不小心，许多恶意行为都会带来损害。用户对安全系统负有很大责任。他/她或许

- 设备不设置密码；
- 对添加到智能手机或平板电脑的应用许可缺乏精确的控制；或者
- 和其他人分享密码。

吓唬客户，让他们不使用移动银行，这不应该是金融机构的目的。相反，金融机构应该时不时举办一些活动，提高用户对移动设备或应用疏忽带来的风险意识。

如果客户受雇于一个使用商务移动银行的机构，那么这些预防措施

就显得格外重要。用户管理智能手机或平板电脑安全，可以采取的预防措施具体列举如下：

- 用户应该注意用简单的手势和预防措施保护手机，比如：
  - 在不使用手机的时候锁屏；
  - 不要把设备置之不理；
  - 不盲目相信应用；
  - 在设备上不储存敏感数据；或者
  - 对无法从设备上分离的敏感数据进行加密。
- 用户不应该相信展示出来的任何东西。有些信息可能是网络钓鱼，或者试图连接到恶意应用。
- 在安装应用时，最好提醒用户警惕组合起来的一系列许可，因为它们很可能是危险的，至少是可疑的。移动应用与应用商店逐渐出现一个新特征：远程撤销。安卓首先开发出这个功能，它可以远程甚至全球从已经安装某个应用的设备上卸载该应用。
- 智能手机或平板电脑上的许多软件，包括操作系统，都会经常推出更新的版本。新版本修复了以往版本上的一些漏洞。
- 应用的大规模运销伴随着针对每种操作系统不同种类的许可机制的建立。用户有必要了解这些许可机制，因为它们的应用系统会有差异。

取证

电子手持取证是在寻找一个能证明或证伪某条陈词的证据时对硬件或软件的检查。

手持设备都安装有自己的操作系统、文件系统、文件格式和沟通方法。这会给检查人员带来一些特殊的问题。对手机或掌上电脑（PDA）上的取证检查需要特殊的软件，了解这些设备工作的原理，以及证据可能被储存的位置。

一个良好的取证建立过程在处理手持设备上与其他取证建立并没有
什么不同：

1. 证据收集；

2. 证据保全；

3. 分析；

4. 报告。

这些取证建立过程对于处理所有类型的传统电子设备都非常核心。
然而，在非传统设备比如手持设备方面，这些过程会因取证检查人员具
体的使用方法而有所差异。

结论

毫无疑问，安全性对移动银行带来威胁。需要注意的是，这与可能
受到的攻击强度也有关。考虑到这些应用的强大的计算能力，它们很有
可能在程度和规模上带来相当大的危害。

然而，相应的技术支持有助于防止并管理安全威胁。

真正能有效地抵御威胁的恰恰是那些手机用户能采取的措施。从这
个角度来看，提高用户意识至关重要。

下一章会对从安全性的角度进行更详尽的描述，未来会更有趣，但
也更有挑战性。

第7章
全球的移动银行

介绍

移动银行的成功建立并不是一个简单的提议。这其中有许多不确定性，很多方面的问题是全新的，而机遇更是多种多样。金融机构可以充分利用之前每一个没有接触到机构的客户。前景乐观，而且通过清晰量化确定的收益也相当可观。

世界上许多地方都在使用移动银行。一个特殊的例子是那些几乎没有或者没有固定电话基础设施的地方，尤其是偏僻地带和乡村。在那些大多数人口没有接触到银行服务或银行服务不充分的国家，移动银行同样很受欢迎。这些区域中的大多数地区，只有大城市有金融机构的分支。消费者要经过长途跋涉，才能到最近的金融机构分支获得银行服务。

2010 年，肯尼亚、中国、巴西和美国的移动银行用户激增，增长率分别为 200% 、150% 、110% 和 100% 。

金融机构也开始活跃起来。在欧洲，一个金融机构联盟推出 My-Bank，直接与非金融机构易贝发布的 PayPal 竞争。

本章介绍了一些全世界范围的有趣的移动银行应用。介绍不能面面俱到，也无法在读者阅读的时候更新，因为移动银行世界日新月异，并且成长迅猛，也因此无意于呈现最佳实践。本章的主要目标是介绍一些移动银行的有趣应用。

美洲的移动银行

标枪战略研究（Javelin Strategy & Research）的一份报告回顾和评估了美国 25 家零售金融机构的移动银行业务，从特征、移动接入、APP、网页银行和简讯银行，以及收集提醒等方面进行了比较。调查显示，移动银行呈上升趋势。2011 年，美国有 33% 的移动消费者使用移动银行，而这一数据在 2010 年只有 24% 。从美国按存款排名的前 25 名金融机构来看，几乎一半机构都提供移动 P2P 转账和移动远程储蓄服务。

2012 年，Best – in – Class to Chase 公司因其在 P2P 转账、移动储蓄和接近实时的可执行警报等先进服务中的优异表现获得标枪战略研究的颁奖，这也是其连续两年获奖。美国的金融机构在设备和模式上提供广泛的移动连接方面表现最佳。

美国的信用合作社在移动银行方面表现优于社区金融机构，它十分之九的服务都能够通过登录网页在移动银行上完成。同时，根据标枪的研究，十分之三的社区金融机构都不能提供最简单的移动银行服务。

移动银行服务因金融机构规模不同而不同，相应的消费者使用也有所不同。美国前十名的信用合作社中，50% 提供"三重玩法"，即移动网页版、APP 和短信银行。然而，信用合作社的客户使用移动银行的比率只有19%。不过，随着最大的区域性金融机构的 80% 都提供全部这三项服务，把它们的客户使用率提高到28%，信用合作社仍然会成长。消费者使用移动银行的比率也会随之增加。

美国的 Isis 和移动钱包

移动银行可以从好几个新的方面支持创新。人们把移动银行看作一项创新的产品。实际上，它远不止如此。它意味着多个方面的创新，包括：

- 产品；
- 过程；
- 组织结构；
- 商业模式。

这才是真正在发生的事情。一些金融机构仅仅把移动银行当作能够从手机端登录银行的线上电脑。然而，由于几项新技术的使用，比如云计算、近距离无线通信（NFC）、GPS 等，移动银行的内容要丰富得多。

这种整合将会影响上述四方面的创新，尤其是最后一项：商业模式的创新（译者注：NFC 是一种短距离的高频无线通信技术，允许电子设备之间进行非接触式点对点数据传输）。

例如，在传统支付模式下，完成付款需要一张塑料制成的银行卡。付款的过程相当复杂。商户、购买者、发卡机构、信用卡组织如万事达（Mastercard）、维萨（Visa）、美国运通（Amercian Express）或者中国银联（CUP）都会参与其中。

而移动银行极大地改变了这种商业模式。手机和云的参与使得信用卡组织与支付不那么密切相关，授权请求可以直接发送至发卡机构或者发卡机构的合作伙伴。

我们也可以更深入地分析这种改变。美国的 Isis 计划是一个恰当的例子。Isis 的快速发展是为了推动 NFC 技术在非接触支付方面的推广普及。这个企业 2011 年在美国成立，由美国电信行业巨头 AT&T，T–Mobile USA，Verizon Wireless 共同出资成立，拟出资额共计超过 1 亿美元。Isis 移动系统的合作伙伴还包括发现卡（Discover Network）和巴克莱卡美国（Barclaycard US）（译者注：发现卡是一种在美国广泛使用的信用卡，最初由 Sears 公司在 20 世纪 80 年代发行；巴克莱卡是美国发卡量前十的银行，2004 年英国巴克莱银行收购美国 Juniper 金融公司进入美国市场，即后来为人熟知的巴克莱卡美国）。

Isis 正在美国全国范围内推行移动钱包（m–mobile）业务。Isis 移动钱包运用 NFC 技术，允许消费者通过手机无线支付，并支持优惠券和积分卡。

Isis 用户要有一部应用了 NFC 技术、插有用户识别卡（SIM 卡）的智能手机，才能使用移动钱包。用户在一个销售点终端机（POS terminal）面前摇晃手机，完成对商品或者服务的非接触式支付。对于不支持 NFC 技术的移动设备，用户需要为设备添加一个装有内置 NFC 芯片的外壳。

Isis 试点项目于2012 年10 月开始实施。试验表明，Isis 移动钱包的活跃用户使用这项服务的平均频率超过每月十次。75％的用户同意接受他们喜爱品牌提供的服务和短信，平均每个用户7 个品牌。根据 Isis 的估计，使用移动钱包服务的用户有更高的忠诚度，并且对产品的支付频率为传统渠道的2 倍。

移动支付领域正迎来潜在的竞争者。例如，谷歌发布了谷歌钱包服务，提供了非接触支付的另外一种选择。

美国企业移动银行实例

许多美国的金融机构已经上线了企业移动银行业务：

- 富国银行（Wells Fargo）推出了商业电子办公（CEO Mobile）移动银行业务，这是它的商业电子办公线上银行产品的移动版本。富国在 2007 年推出面向企业客户的商业电子办公产品，发布时间甚至早于 iPhone。由于最初推出这项产品时其功能相对局限，CEO Mobile 这些年一直在不断升级。用户可以通过这个产品执行许多任务，比如发起并批准支付、监测账户、查看交易报告等。

- 硅谷银行（SVB）面向美国大大小小的企业用户推出了移动银行应用。这家银行的移动端在标准零售银行等业务方面，支持账户余额查询、批准并安排向外的电汇。

- 洛杉矶市立国家银行（City National Bank of Los Angeles）积极推广小企业手机应用。

- 摩根大通（JP Morgan Chase）多年前就推出了针对小企业主的信用卡移动应用。应用命名为 Jot，用户可以通过它查询和规划花销，甚至包括给交易添加收据等功能。和其他大型金融机构如富国、西班牙对外银行（BBVA）一样，摩根大通支持它的小企业客户使用零售应用。它的小企业客户似乎更青睐于单独的移动应用登录系统：一个用于企业，一个用于个人。摩根大

通还从企业移动银行的角度出发，推出了一些有趣的功能，并
命名为 JP Morgan Access Mobile，它于 2011 年 7 月发布，是一款
本国企业移动应用，后来它和摩根大通的新一代 Access 门户被
整合到一起。

- 弗罗斯特金融机构（Frost Financial Institution）在 2013 年 3 月推
出一款智能手机应用，为小企业用户和散户设计了单独的登录
入口。

亚洲的手机银行

移动银行在新兴市场格外受欢迎，这有许多方面的原因。这些国家
的农村或偏远地区的人口较多。许多人对去传统的金融分支机构心存疑
虑。最终，固定电话基础设施不足导致手机使用非常广泛。

在伊朗，金融机构比如 Parsian，Tejarat，Mellat，Saderat，Sepah，
Edbi 和 Bankmelli 都提供移动银行服务。

Telenor Pakistan 与 Taameer 银行在 2009 年联合推出移动银行解决方
案 Easy Paisa。印度国家银行和印度工业信贷投资银行的金融市场代言
人 Eko 印度金融服务通过移动银行向消费者（80% 的用户为移民或无
银行账户者）提供金融机构开户、储蓄、取款、汇兑等服务和小额保
险、小额融资工具。

荷孟银行 2011 年在孟加拉国开通移动银行业务。移动运营商 Bang-
lalink 和 Citycell 为这项服务提供"代理"和"网络"支持。孟加拉国
约有 1.6 亿人口，其中仅仅 13% 有银行账户。而上线移动银行业务之
后，荷孟银行有机会接触到农村人口和无银行账户者，他们中 45% 的
人是手机用户。在移动银行服务中，以银行为名义的"代理"代表金
融机构从事银行活动，比如移动银行开户、提供现金服务（收支）、处
理小额信贷。移动账户的取款也可以从自动取款机（ATM）上完成，
对每一笔交易都需要手机密码而不是银行密码的验证。其他通过移动银

行开展的服务还包括：

- 个人对个人（例如，转账）；
- 个人对企业（例如，商业支付、账单支付）；
- 企业对个人（例如，薪金/佣金发放）；
- 政府对个人（政府津贴发放）等交易。

2012 年 5 月，Laxmi 银行在尼泊尔推出第一个移动银行业务，产品名为 Mobile Khata，这款产品通过第三方平台"你好派沙"（Hello Paisa）运作（译者注：派沙是尼泊尔货币单位，1 派沙等于 1/100 卢比）。"你好派沙"在尼泊尔所有的电信运营商，即尼泊尔电信，NCell，Smart Tel，UTL 平台上都可以交互使用，在尼泊尔所有的金融机构之间也能够交互操作。其他在 Laxmi 之后加入这一平台的合作伙伴有 Siddartha 银行、Kathmandu 银行、尼泊尔商业信托银行和国际租赁融资机构。这种支持多个金融机构和电信运营商的交互操作的平台在世界上是首创的。

欧洲的手机银行

Hello Bank：完全精益并且电子化的移动银行

Hello Bank 是欧洲移动银行的一个有趣范例。它只在线上可用。法国巴黎银行（BNP Paribas）于 2013 年推出这款产品（译者注：法国巴黎银行集团于 2000 年正式成立，是欧洲最大的金融机构之一，集团业务遍布全球逾 85 个国家）。随后，法国巴黎银行将这项业务拓展到他在欧洲的其他子公司（比利时、意大利、德国、波兰等）。Hello Bank 的基础服务完全免费，只对增值服务（比如支票和额外的安全特性）收费，这项产品取得了很大成功。

三分之二的 Hello Bank 用户是法国巴黎银行的新用户，这表明移动银行是一种争取新用户的好方法。

Hello Bank 的用户可以通过智能手机和平板电脑获得服务，比如通过手机打开活期账户、储蓄账户、信贷服务、保险等。他们还能进行转账或者申请借记卡或信用卡（P2P）。用户使用与电子商务应用类似的导航模式，就能通过对话窗口或短信服务（SMS）获得技术支持。

Hello Bank 致力于以简便方式从手持设备上提供服务。法国巴黎银行格外关注用户体验的独特性和满意度。交易的工效学极佳。品牌颜色受陶瓷艺术家 Therdore Deck 启发，经过精心选择确定。（译者注：Therdore Deck，1823—1891 年，法国陶瓷艺术家，作品风格多为伊斯兰风格，尤其是伊兹尼克风格）。Hello Bank 被视为与法国巴黎银行传统业务完全独立的产品，但它有两处与传统业务有一致性。在缴费方面，一些操作可以通过法国巴黎银行的网点完成。Hello Bank 品牌的颜色虽然与法国巴黎银行不同，但其蓝色标志与集团的浅绿色接近。

Hello Bank 目标是在 5 年内发展 20 万名新用户。现在，法国巴黎银行在法国大约有 2200 家营业网点，大部分都在城市。用户大多是中产阶级和中老年群体。相比较而言，Hello Bank 致力于服务完全不同的目标客户，他们年轻、生活在郊区、甚至居无定所。而 Hello Bank 简易便捷的使用方法迎合了这部分群体的需要。

新型电子金融机构带给我们的启示显而易见：

- 将移动银行从金融机构传统固定网点中分离：定位于传统渠道难以获得的消费者。
- 建立全新的解决方案，而不要将其附加于现有的产品线。
- 独立的移动银行同样是源于传统银行业务的品牌。
- 不断创新移动银行提供的服务。
- 充分利用移动一代（新新人类之后的一代人）使用手机应用的方式，为用户提供好的使用体验。
- 简便易操作。
- 重点关注那些通过新渠道存款的客户群。

- 实现最大水平的自动化。
- 向客户强调他们的安全能够得到充分保障，并且安全性是你的第一要务。
- 为其他服务创造通道，但把选择权留给客户。

Hello Bank 在刚推出的前三天是家实体银行。它在巴黎拉德芳斯郊区邻近新凯旋门地铁站出口附近的站点发布。有一次，Hello Bank 传递出的信息十分明显：Hello Bank 并不是位于金融中心的传统金融机构，其成立初衷是更贴近居民并向他们提供优质体验。

Barclay Pingit

Pingit 是一个支持付款收款的所谓的 P2P 支付系统，2012 年 2 月由巴克莱银行在英国推出。从那以后，巴克莱持续在 Pingit 上增加新的功能。2013 年，Pingit 已经拥有 150 万用户。

Pingit 是一个移动转账系统。最初，可以使用它的消费者被限于：在巴克莱银行开过户、使用英国网络的智能手机以及 18 岁以上的客户。

随着时间的推移，巴克莱取消了大部分限制：

- 年满 16 周岁即可使用
- 有任何英国银行的账户均可
- 也可以向在巴克莱开过户的小企业转账
- 不再强制要求收款人使用智能手机，收款人会收到汇款信息的短信通知，也可以去 ATM 提现
- 可以选择在巴克莱网站收款，网页对所有的移动 APP 用户、在别的银行开户的英国小企业和巴克莱企业用户开放
- Pingit 还支持"资助捐赠"。使用 APP 的用户可以向慈善机构捐款，捐款可以免税。通过扫描慈善机构的 QR 二维码或者在 APP 的慈善机构窗口选择捐款就能直接完成捐赠。麦米伦癌症支援慈善基金会（Macmillan Cancer Support）、爱狗信托（Dogs

Trust）和慈善信托（Charities Trust）等英国慈善组织都开通了这项功能。

Pingit 给消费者带来了切实的益处。转账服务对付款人和收款人都不收取手续费，短时间内钱即可到达对方账户。Pingit 服务采用了更快捷的支付技术，所以即使在巴克莱与非巴克莱银行用户之间，支付也非常及时。最后需要说明的是，单笔交易的支付限额为 750 英镑。

Pingit 一炮打响之后，类似的电子支付系统接踵而至，VocaLink 推出了一款名为 Zapp 的类似服务（译者注：VocaLink 为英国 ATM 转接网络商，掌管英国的 ATM、直接借记和主要移动支付网络，于 2016 年 7 月 21 日被 Mastercard 收购）。

意大利的移动银行

ABI Lab 和米兰理工大学管理学院在 2013 年 6 月发表了第三篇对移动银行的观察报告（译者注：ABI Lab 是意大利银行业研究中心，在意大利银行业协会支持下成立）。

报告基于对意大利 30 家金融机构/银行集团（总计占意大利银行机构数的 65%）的调研结果，按年评估了意大利移动银行服务的发展状况。

不论从服务质量、可用服务种类，还是消费者的实际使用情况来看，移动银行在意大利已经成为现实。意大利 90% 的金融机构都在提供不同形式的移动银行服务。大多数金融机构的移动银行功能较为单一，但它们正在逐渐推进这方面工作。

意大利有 2500 万智能手机用户和 360 万平板电脑用户（截至 2012 年底）。大约 250 万人使用移动银行服务，其中 6% 通过平板电脑使用移动银行。这一数据与美国的一个类似调查形成鲜明对比，美联储数据显示，美国 48% 的智能手机用户在 2012 年使用过移动银行服务。

另外，意大利有 450 万人以短信的方式使用移动银行业务。如果仅考虑那250万用户，2012年通过APP使用移动银行业务的人略多于比通过手机移动银行网页登录的人数。意大利的移动银行使用频率最高的功能有：

- 查询信息（活期账户余额，83%受访者）；
- 下订单，比如手机充值（55%）或转账（40%）；
- 定位服务，查找设备附近的ATM（45%）和营业网点（41%），这也是利用移动设备的特有功能的一个典型例子。

调查还表明，对于移动银行手机APP应该被设计成什么样子，受访者意见不一。所有的金融机构都认识到了用户体验与操作简便的重要性，在数据的稳定和安全方面也几乎没有异议。不过在其他方面结果较为分散。受访机构中，只有11%认为与线下渠道整合是重要的。

至于移动服务在平板电脑端的发展，观点集中在以下几类：

- 复制计算机（35%）或智能手机（12%）上现有的服务；
- 进一步开发计算机和智能手机上的解决方案（30%）；
- 专门针对平板电脑开发新服务（仅23%）。

报告强调了对通过平板电脑发出指令或完成交易的倾向。

从消费者角度来说，76%用户是"勤勉的移动银行用户"，每周至少登录一次移动银行。

在支付服务和转账方面，移动银行激发了金融机构的创新。手机卡就是一个成功案例。所有金融机构现在都允许他们的用户通过手机卡购物。通过QR二维码支付和现金支付相对较少。意大利推出的其他移动银行功能有从个人账户到用户联系人账户的P2P转账，账单支付、支票存款、通过短信或Facebook账户转账等。

每三家金融机构中有两家（仅64%）会针对金融机构提供的移动银行服务在社交网络和媒体上进行系统性监测。这样做的动机包括分析金融机构和其竞争者的流行的观点、识别新的用户需求和收集用户反馈。

Mediolanum 移动支付

Mediolanum 移动支付是意大利 Banca Mediolanum 银行推出的一款成功的移动支付应用。它的目标是使该银行的用户能够通过支持 NFC 技术、装有 SIM 卡和应用的智能手机完成支付，这样一来用户就可以把手机放在 POS 读取机上直接埋单。

Banca Mediolanum 还与声控科技领导者 Nuance 合作，在移动应用中推出语音命令功能。

这家金融机构的客户可以在仿真语音的协助下获得应用中的所有信息：支票或储蓄账户和银行卡余额及变动；投资组合基金/证券的等效价值、保险政策与投资、市场趋势和最近的 ATM。

市场对这款应用的推出表现出极大的热情。Banca Mediolanum 在提供最好的用户体验上下了许多功夫。这表明有些金融机构对其所采用的方案十分敏感，尽最大可能改善用户体验、提高可信度和安全性。

考虑到移动银行的特性，还有一个方面非常重要：通过语音控制实现交易。这在未来人们（尤其是个人）通过电脑和移动应用获得金融服务中会得到越来越多的应用。

Banco Desio

Banco Desio 是意大利北部一家规模中等的区域性银行，它在 2013 年发布了一项移动远程银行产品：这是意大利最先推出的针对企业用户移动银行服务之一。这项应用与所有的智能手机和平板电脑都兼容，可直接从 IOS、安卓、Windows 系统的应用商店免费下载。它允许企业在全移动的条件下完成重要的金融交易。

这款应用简单直白。用户只需要轻松几步就能够随时：

- 获取账户和交易信息；
- 对未完成订单进行授权；

- 在定位技术的帮助下，找到距离最近的 ATM 以及到达路线；
- 使用其他功能。

所有这些功能从网页上通过 U 盾上显示的一次性安全验证密码（OTP）登录，也可以咨询 Banco Desio 相关使用信息。

Banco Desio 应用在技术上非常灵活，允许用户自定义金融服务界面。此外，这项技术使得用户能够第一时间用上移动平台上使用最多的功能或更新。

Banco Desio 集团在其《商业计划书 2013—2015》中，强调发展互联网和移动银行服务以更好地服务用户，尤其是中小企业。它的目标是帮助那些"客户至上"的公司更高效地处理日常银行事务，从而使它们有更多时间专注于业务。

对其他中小银行来说，Banco Desio 的移动远程银行无疑是一个优秀的示范。

欧洲其他国家

在欧洲的其他国家，移动银行方面也有许多创新。例如，意大利联合圣保罗银行（Intesa Sanpaolo Bank）在波黑推出名为 M‑Intesa 的移动银行服务（译者注：意大利联合圣保罗银行由 2006 年 8 月 26 日意大利联合银行和意大利圣保罗银行合并组成，目前是意大利最大银行集团）。用户能够随时随地在移动设备上进行金融交易并查询账户余额。用户还能通过这项服务接触所有联合圣保罗银行的产品（账户、储蓄、贷款和银行卡）。在波斯尼亚，用户还能够支付、转账、兑换货币以及进行其他操作。不过用户必须拥有联合圣保罗银行的活期账户并签订一份相关协议，才能使用这项移动银行服务。

澳大利亚的移动银行

金融机构在提供移动银行服务的时候可以单独进行，也可以以财团、临时安排、合资企业等形式合作推出。这与当时信用卡联合建立Visa 的情况类似。其他的例子有：

- 谷歌钱包，推出这项产品的合作公司还包括 Sprint，花旗银行和万事达；
- Visa 钱包，由美国和加拿大的 14 家金融机构联合推出；
- Isis 移动钱包，推出公司包括 AT&T，T－Mobile 美国，Verizon Wireless，Visa，万事达，发现卡，American Express；
- 美国的金融机构富国银行和摩根大通共同推出了 clearXchange，允许他们的客户之间进行 P2P 支付。

另一种合作形式是结成联盟而不是正式的财团，从而共同提供移动银行服务。这方面一个有趣的例子发生在新西兰，开放式联盟模式在那里非常成功。最初，新西兰的金融机构和移动运营商采取的是一对一合作以及单做的策略。然而，很快服务供应商就发现一对一合作明显存在大量重复做工，并且缩小了潜在市场。2005 年，金融机构和移动运营商决定支持移动银行和移动支付通用交换网关的开发，这是一个"安全、独立、支持多家金融机构、多运营商"的系统。解决方案是标准化的，目的在于吸引新的合作伙伴并支持全方位的移动银行服务的发展。

开放联盟模式吸引了 6 家领先的金融机构和 2 家移动运营商，他们共同创建了共享金融服务网关。这个通用的共享服务平台既降低了成本，又促进了移动银行服务的快速应用。新西兰超过 5% 的居民使用移动银行，并且数量还在不断增长。这个总体数据之中，有一家金融机构超过 40% 用户都使用移动银行。新西兰的移动银行带动了客户维系度和自助服务水平的提高。

非洲的移动银行

肯尼亚的 M－Pesa 移动银行服务是移动支付领域最成功的案例之

一。移动运营商 Safaricom 的用户可以直接通过他们的 SIM 卡持有现金余额。客户可以把现金用于储蓄，也可以在遍布全国的 Safaricom 零售网点里的 M－Pesa 账户里提现。这项服务支持个人对个人的和个人对企业的电子转账。

另一个移动银行创新应用是 Zidisha，这是一个总部在美国的非营利微贷款平台。这款应用允许发展中国家的居民向全世界的网络用户发起小额企业贷款。Zidisha 通过移动银行提供贷款发放和偿还服务，只需要互联网和手机，资金就可以从美国的放款者流向非洲农村的借款者。

在科特迪瓦（以及其他 9 个非洲中东国家），Orange 推出了一款名为 Orange Money 的商业产品，功能包括（译者注：Orange 是一家法国电信商，1994 年正式步入英国市场，是英国和法国的第一大移动运营商，已经成功实施了国际化战略）：

● 转账（用户可以使用手机向本国内任何用户转账）、存款和提现；

● 金融服务，包括储蓄和保险的管理方案；

● 支付，用户可以电子支付账单（和购买手机信贷），在支持 Orange money 电子支付的商店为商品埋单；

● 投资；

● 投资组合管理服务；

● 实时股票报价；

● 个性化的证券价格提示；

● 贷款申请状态，比如住房抵押贷款批准、保险责任范围；

● 支票簿和银行卡申请；

● 数据交换信息和邮件服务，包括提交投诉并追踪；

● ATM 定位；

● 内容服务；

- 日常信息如天气情况或新闻；
- 会员积分服务；
- 当地服务；
- 技术支持。

结论

在本章的结论部分，我想引用 Temenos 和德勤联合进行的一项针对 205 名任职于全球各家金融机构的高级经理的调查。这项调查为分析银行业变化提供了丰富的数据资料。从中我们可以得到一些关于这个行业的有趣见解（译者注：Temenos 总部位于瑞典日内瓦，是全球领先的金融服务软件供应商，主要向银行等金融机构提供整合式、模组化核心账务系统）。

在移动银行方面，大多数银行的尝试——几乎 60%——指向两个方面（见图 7.1）：构建基础服务（如转账和余额提醒）和开发 apps。其中前者占费用的 26%，后者占 30%。

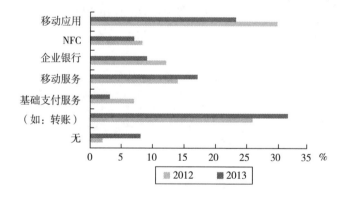

图 7.1　移动银行费用分布

在很大程度上，这些结果反映出从这个行业观察到的移动银行的使用情况和成熟度。例如，美国移动银行非常发达，总体上银行只有不到 10% 的预算用于基础服务开发，相比之下，43% 的预算用于开发 apps，

12%用于 NFC 技术如非接触支付，与美国情况相似的国家还有日本和
韩国。

在中东非洲，29%的银行预算导向发展基础服务。2012 年，用于
基础服务的预算比例为32%，2013 年下降到26%。这反映出该区域移
动银行业务逐渐完善丰富起来。在移动银行方面无预算的银行比例从
2012 年的8%跌倒2013 年的2%，突出了采取行动发展移动银行的紧迫
性和不作为的风险。

apps 之后增长最快的领域是移动支付。用于移动银行移动支付的
预算比例从 2012 年的3%提高到2013 年的7%。数据显示，银行业越
来越重视移动支付业务，而银行也面临来自他们的移动支付对手的更严
重的威胁。加上在 NFC 上的支出，银行业一共将 19%的预算用于移动
支付，这一指标在 2012 年仅有11%。不过，亚太北美的公司在移动支
付领域的费用达总数的 23%，显著高于平均水平，而欧洲银行只有
12%，对于移动支付供应商带来的风险无动于衷。

有趣的是，在所有的银行部门，小额信贷部在移动支付和 NFC 上
的支出比例最高，达到36%，这表明移动渠道和 NFC 渠道对于小额信
贷的重要性，以及它们在何种程度上能够提升众多国家对移动银行服务
的接受度和使用率。

第8章

未　来

介绍

在所有的电子渠道中，移动银行是非常明确的投资重点，因为金融机构纷纷尝试使自己的服务增值并把移动的特征变现，比如当地服务。最近，逐渐出现了一些有趣的进展。

如果考虑端点对端点的移动银行，这里有几个组成要素：

- 手机；
- 网络；
- 中央处理站；
- 应用。

关于最后一个要素，非常有趣的一点是对功能和数据加以区分。

本书并不考虑所有可能的、可预见的发展，它更关注前面的每一个分类中最有趣的那些发展：

- 可穿戴设备；
- 网络技术；
- 云计算作为计算的新范式；
- 新的功能；
- 大数据。

不远的未来会有一些有趣的突破，尤其是在最后两个方面。本章正关注这些话题。

网络技术

随着新的传输技术协议的出现，4G 正在走进人们的生活。而标准机构正在进行超越 4G 的新技术标准的制定工作。它们并不能被视为是新一代的移动技术，而是为 4G 传输提供了保护伞。5G 正在逐渐浮现，这是一种支持高于 4G/IMT 技术标准的下一阶段的移动通讯标准的技术。从 2014 年起，3GPP，WiMAX 论坛，或者 ITU－R 这样的通信机构或标准机构还没有公开任何官方文件（译者注：3GPP 第三代合作伙伴计划成立于 1998 年，由多个电信标准组织伙伴签署，最初的工作范围是为第三代移动通信系统制定全球适用技术规范和技术报告；WiMAX 即全球微波互联接入，是一项新兴的宽带无线接入技术，能提供面向互联网的高速连接；ITU－R 国际电信联盟无线电通信组，是国际电信联盟管理下的专门制定无线电通信相关国际标准的组织，成立于 2007 年 10 月 19 日）。

可穿戴设备

可穿戴式技术、科技服装或电子时装指内嵌了电脑和先进的电子设备的服饰。它们的设计通常结合了实用的功能特点。它们的出现也许只是纯粹出于审美的考虑。

可穿戴式技术与无处不在的计算和可穿戴计算机的发展历程相关。计算的普及使得可穿戴式技术能够与渗透到所有产品与服务的无障碍的电脑系统连通。虽然可穿戴式计算机的发展还需要很长时间，但这种技术的模样能够确定，也可以和现在形成很好的对照。

计算器式手表，1980 年就推出了，是最早普及开的可穿戴电子设备。而谷歌眼镜是更近期的一个例子。

根据 ABI 的调研，随着可穿戴技术和智能手机和其他电子设备的兼容性问题逐渐得到解决，预计到 2018 年全球可穿戴式技术市场年设备出货量有望猛增至 4.85 亿美元。

所有这些新设备都会使移动银行更简便快捷。

云计算

手持设备与中央处理器是移动银行的重要组成部分。中央处理器通常由几部分构成：核心银行系统、信用局、组织架构等。不过目前，越来越多的应用程序会在所谓的云系统中完成。云计算模式使得去本地化、便于分配和使用、按需创建的共享计算资源（网络、服务器、储存、应用和服务）成为可能，用户可以迅速获得并公布它们。金融机构可以采用一种不同的工作形式，同时保持对营业和成本的最佳影响。机构可以使用按使用量付费的模式得到这套资源，服务提供商承担了通过服务水平协议（SLA）提供特定类型处理的责任。云计算并不是一项技术。它是一项完全不同的计算方法。它能即时带来对产品/服务、过程和机构的修正。

云可以解决一些移动设备的缺点，这些设备让我们重新想象"应用"应该是什么。云计算已经发展到具备相当出色的表现和灵活度，不论是在公共领域、私人领域还是二者兼而有之，云计算能够应用到想象所及、资源所覆盖的方方面面。复杂、高效能的虚拟桌面可以流向一个低成本、低功率的平板电脑。云计算可以在移动设备上像在一个智能门户网站上那样实现数据分析，因此大数据分析开始遍地可即。

关于云计算的颂歌称赞它"随时随地"。移动设备正在带动娱乐、工作生活平衡、合作和生产力的变革。然而许多机构不承认，事实上，每一项服务，在有了平板电脑或智能手机之后都会变得更简便，它们都能不同程度地利用云计算。

到目前为止，外包的服务商已经有能力向金融机构提供完善的、成体系的服务，比如完整的外购、应用解决、设备管理、业务流程外包、印刷和邮寄服务。不过，长期以来，面向金融服务部门的 ICT 服务条款，对于按需创建的云解决方案提供的新分配的渠道、产品、服务和过程，都遵循即插即用的方式。今天，金融机构使用的大部分企业软件都由 ICT 系统的垂直解决方案组成。未来，云服务商和软件提供商会把他们的应用以更协调的方式扩展到云计算环境中。

图 8.1 展示了有可能迁移到云上的业务流程、功能、ICT 组成（应用、平台或基础设施）。在短期或中期，它们可能通过某种"××即服务"模式传送。

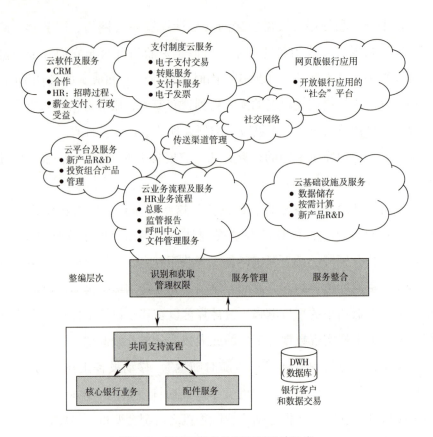

图8.1　基于云服务的新银行系统组成

其他基于云的金融服务解决方案如下：

- 基于云的电子支付系统，这是以金融机构向他们的公司或零售客户提供增值服务为目标的前沿支付方案，涉及电子商务或机构，接受电子支付，为消费者提供便利。软件及服务（SaaS）电子支付方案允许安全实时线上支付，在交易员的客户与金融机构后台系统之间搭建了桥梁。

- 云端支付卡服务完全外包，包括支付卡发行、开展业务和其他相关服务。它们特地为卡片的生产和管理、相关账户管理和卡片所有者管理等提供设施。这套方案还添加了其他服务，比如争议管理、欺诈调查和呼叫中心。

- 基于云的收款服务支持机构支付，比如通过 PayPal 的付款。最终的目标是通过跨境联合促进全球商品购买市场的发展。
- 基于云的发票管理服务整合了好几项技术及软件解决方案，使被动的会计记账更有效率。效率的提高是通过在有纸或电子条件下，从发票收据、展示、工作流程批准、支付到最终储存到数据库的全过程的去物质化和优化实现的。

云计算的例子为最大限度的安全提供了保障，其中最重要的就是支持未来模型的扩散。金融机构应该以相关成本和收益的初步评估为基础，定义一项云计算政策。

未来移动银行的功能

澳大利亚的世界商业学院在一份"商业研究报告的国际回顾"中提出移动银行的一些关键功能性趋势。

随着技术的出现以及智能手机和平板电脑使用的逐渐增加，移动银行的使用会使得用户在整个用户生命周期中比以前更系统地连接起来。

在这种情景下，现在的移动银行的目标，比如说建立关系、降低成本、实现新的收入流等，会向实现新目标转变。金融机构会瞄准更高水平的目标，如打造金融机构的品牌。新涌现的科技和功能促进了潜在顾客开发流程、预测并发展深层客户联系的新方法的创造。移动银行世界会充分利用双向沟通，提供极佳的客户体验。

下面列举了一些主要的移动银行领域可能的功能性趋势：

- 沟通丰富：与代理人和咨询师视频交流；
- 普遍的交易能力：综合移动钱包，包括但不限于银行活动的很多功能；
- 用户教育：银行服务的"试驾"展示，帮助用户的支持活动；
- 与新用户模块的连接：通过为客户定制的游戏和社交网络与智能手机连接，支持金融机构的服务。例如，游戏化，指玩游戏过程中典型元素（比如比分、与其他玩家的竞争、游戏规则）

在金融服务中的应用，这是鼓励用户使用金融机构提供的服务的线上营销技术的典范；

- 内容货币化：微观水平上的收入来源，如音乐、电子书或者新闻下载；
- 垂直定位：针对移动银行特定行业的定位服务；
- 水平定位：移动银行所有行业的定位服务；
- 商业银行服务个性化：针对企业银行中多重角色和等级的个性化体验，与目前单一的银行服务形成对照；
- 品牌塑造：在提高"移动地产"价值的同时塑造银行品牌。

大数据

介绍

移动金融机构使得任何个人设备上都能够使用银行服务。移动银行应该在评估移动金融机构的过程中大规模定制用户享有的体验。

由于新技术如大数据、数据分析的出现，这并非一个不可能的任务。本部分会对此进行分析。

每个机构结构性的和非结构性的、内部的和外部的数据数量都呈指数型增长。现在数据来源各异，包括与用户在渠道中的互动如呼叫中心、远程通讯设备、社交媒体、代理对话、智能手机、邮件、传真、每日商业活动等。高纳德公司（Gartner）预测从2011年到2016年数据会有800%的增长。

特别是手机，它的使用是重要的数据来源，尤其在新兴市场，手机使用不局限于拨打电话，而扩展到交易和银行业务。在那些国家，移动数据可以提供如哪种类型的金融机构产品最受顾客欢迎等信息。

10%～15%的可用数据是结构性的，相比较而言，金融信息则是非结构性的。管理海量的数据流非常具有挑战性，那些有能力捕获、储

存、搜索、汇总并分析数据金融机构会发现自己得到了实实在在的益
处，比如更高的生产率、更强的竞争优势和更佳的用户体验。然而，这
种价值不一定直接来源于管理大数据，还可能源于对数据中可操作之处
的管理。金融机构可以将数据挖掘有效应用到客户洞察、支持和提供新
产品/服务中，获得目标驱动的商业价值，这会带来明确的竞争优势，
使机构在信息时代走在前面。

定义

大数据指已经存在数年但在最近才开始大规模使用的分析技术，技
术本身也更易使用。大数据可以被定义为使机构创建、操作、储存、管
理组织的大量数据的一种工具、流程和程序。

大数据操作可以在本地进行。机构迁移到云端时，公司数据也会随
之迁移。此外，随着个体（设施和人）开始产生持续的可以被采集、
储存、处理、分析、报告的数据，云基础设施会变得越来越重要。

现有环境下，大数据带来许多机遇，它还为金融机构的利益相关者
创造了机会。在以传统方式处理这些结构性内容的模式下，这些机会是
不可能的。大数据结合了一下五个特征：

- 数量：大数据指每家金融服务机构流入流出的庞大的、呈指数
  型增长的数据流。当然，词语"大"应该与某个特定的机构相
  关。这一点的例子可以从很多来源中找到，包括：
  - 呼叫中心的结构性的颗粒状的呼叫详细记录（CDR）；
  - 远程通讯设备采集到的详细传感数据，比如电脑、手机、自
    动取款机、POS 机等；
  - 外部信息，包括开放数据、市场调研、其他行为数据；
  - 来自社交媒体、不同类型的报告等上的非结构性数据。
- 种类：除了通常的结构性数据处理之外，数据还会有不同的来
  源，包括移动端、线上、代理生成、社交媒体、文本、音频、

视频、日志文件等。对非结构性数据的分析是一个挑战。非结构性数据格式各异，与结构性数据迥然不同。在没有经过工作量巨大的数据转换之前，非结构性数据不能以传统的相关数据库储存。非结构性数据的来源，邮件、Word 文档、PDF、地理空间等，对于金融机构来说正在变成进行相关数据分析的来源。

- 速率：金融服务机构必须有能力尽快处理、获取、分析、报告包含大量数据的信息，从而及时做出决策，在经营环境中尤其如此。金融机构还需要

  - 降低延迟，优化通过不同渠道的透明度、交叉销售、向上销售；
  - 提供快速企业内网文件搜索服务，从而研究不同事件的影响；
  - 在数据库环境中缩短报告的商业交付时间。

- 准确性：数据的质量、可信性、可靠性、组成对于金融机构扩展数据的有用信息、支持决策制定过程至关重要。对于大数据和"小数据"来说都是如此。在一些例子，比如语音转文本或者社交网络对话中，数据质量可以带来有用信息。在金融机构尝试分析微观现象，比如情感分析时，更是如此。

- 价值：金融机构采用顾客为中心的方法，从大数据中获得有价值的信息，为了保证这一点，金融机构必须在产品、流程、组织和商业模式上进行创新。

客户价值是这五个特征中最重要的一点。如果客户从与金融机构的关系中看到了价值，机构就会把相应的价值收集起来。

大数据带来的价值创造

根据麦肯锡（McKinsey Co.）的说法，大数据从五个方面为消费者和机构创造价值：

- 管理大数据可以提高透明度，使利益相关者更容易获取数据；

- 随着金融机构在创造和储存了更多的电子交易护具，机构可以实时或接近实时采集精确、详细的数据，用概念验证来识别需要、提高表现，格外需要注意的是，推出新的产品和服务，使客户增值。

- 大数据为机构提供了提高客户细分的方法，从而机构可以更好地开发并调整每个部分的产品、服务、流程和推广。

- 大数据策略包括复杂的分析，提供可操作的用户观点，使风险最小化，并提高决策过程。

- 在机构创建新的商业模式，提高产品/服务、流程和组织方面，大数据起着至关重要的作用。

前沿的金融机构应该开始从至少 12 个方面利用大数据。每一个方面都会以上文描述的一个或多个方式给用户和机构增加价值。

1. 用户渠道结合。通过结合透明的直接用户联系（邮件、呼叫中心、代理、门户、传真、报告等）和间接用户联系如社交媒体、博客、日志文件等，对给每位客户提供的服务有一个更全面的 360 度的观察。这有助于创建个性化的、标准统一的沟通回复机制，使营销实现更高的品牌价值，获得竞争力优势，同时通过减少交流浪费直接影响盈亏底线。

2. 呼叫中心和中台工作量最优化。分析来自这些渠道（呼叫详细记录）的网络数据并把它们与交易结合在一起有助于理解是谁在执行、实施了什么活动、效率如何等问题。这可以为雇员提供指导。对大量的未加工的通讯数据进行呼叫模式分析能够促进最优化。

3. 金融机构能够使用数据得到指定的和预测的价值。它们可以通过接近实时的数据检测和应答调查分析是怎样提高用户体验的。从交易的角度来说，指定分析能预警风险行为。

4. 利用交叉销售和向上销售潜力。在接近实时的环境下分析文本和语音，机构能够发现新的机遇，提供交叉销售和向上销售服务，把呼叫中心从成本中心转换到销售服务（S2S）中心。

5. 针对社交媒体使用自然语言处理（NLP）和文本分析，针对呼叫中心对话使用语音分析，这样金融机构能够提高情绪分析能力，更好地实现提高客户服务的目标。

6. 通过社交媒体介绍新的产品和服务，金融服务营销可以利用社交媒体推广新的产品和服务。相较于资本密集型的纸媒、电视和互联网营销，它们可以以成本效率高且有效的方式面向特定区域的客户，创造性地改变商业模式。金融机构可以在不同的地域试验，然后把策略提高到下一个水平（全国或国际）。

7. 通过完成定价风险、交易和财务效应的闭环，信贷人员可以研究已有客户带来损失和诈骗的倾向，从而针对新的预测更好地进行风险定价，尤其是在信贷交易中。这有助于使风险最小化，并且很大程度上有助于合适地定价风险。还有助于提高实施信贷决策。

8. 利用外部数据实现更精确的定价。利用实时定位和其他商业特征，数据可以对以客户进行交易的方式和地点为基础的客户信贷金融服务形成更合适的定价。

9. 提高搜索能力。很多金融机构和金融服务经纪人使用大数据用有创意的方式搜索它们的内网文件，尤其是那些以前无法搜到的非结构性数文件，从而提高了搜索能力。金融部门和呼叫中心都可以利用这方面实时提供建议。

10. 创建综合客户满意度调查反馈体系。大多数金融机构只是用相对小规模的客户样本进行调查。大数据使金融机构针对整个客户群体（以及社交媒体的展望）进行调查，并且用快速、节约成本的方式得出调查结果，这样就可以对客户服务反馈有一个更为真实的了解。

大数据在移动银行领域的应用与收获

大数据平台并不会替代现存的传统数据管理和分析平台。它们仅仅是对现有数据环境和处理能力的补充、拓展、充分发展和提高。大数据由两个过程组成：大数据的应用包括采集、提取、转化、加载、施行和管理大数据；而收获指把科学应用到数据上面，从中得到可操作的有意义的观点，并用它指导行动的精妙的技巧、技术。

应用与收获过程互为补充。它们是大数据处理的两个方面。

应用大数据

在最基础的层面，应用过程包括：

- 大数据采集；
- 大数据的提取、转化、加载；
- 大数据管理；和
- 对一个创建并维持大数据的生态系统进行设置。

过去，数据应用过程比现在简单很多。数据的益处很大程度上受到限制。如今，应用数据变得越来越复杂，原因在于：

- 额外的数据来源如社交媒体等的组合；
- 现在发展出的复杂技术使金融机构不仅能够获得数据，还具备分析它们的能力；
- 数据多样性；
- 高德纳估计当今80%～90%的数据是非结构性的。今天，金融机构有能力挖掘以任何形式存在的非结构性数据的宝库，如文本、音讯、视讯、笔记、点击串流和日志文件等，并且把它与其他类型的结构性数据结合起来，如汇率、股价、人口和地理数据等。

收获大数据

大数据收获可以分为两类。数据分析使用描述性和预测性模型从数据中得到价值信息，并使用这些信息给出相应的推荐操作或者用其指导决策和沟通。后者被称为业务分析。

未加工的数据不能直接消费。在对数据作出说明和执行之前，必须把数据处理成可消费的格式。

收获过程利用的技术和算法使金融机构能够

- 分析；

- 传达可操作的信息；

- 支持情报处理；

- 从大数据中得到真正价值。

分析是发现并交换数据中有意义的模式的过程。对于那些有着详尽信息记录的领域，分析特别有价值。分析需要同时应用统计、计算机编程和运营研究等技术量化表现。在收获数据方面，数据可视化对于获得价值尤为重要。

这些挑战是对现代分析信息系统创新的启示，它们带来了相对新的机器分析概念，比如复杂事件处理、全文本搜索和分析，甚至呈现信息用于帮助决策的新想法。

另外一个涌现的挑战是不断变化的监管需求。例如，金融服务行业，巴塞尔协议Ⅲ或是保险方面的欧盟偿付能力Ⅱ，以及未来的资本充足率要求很可能迫使小型金融机构采用内部风险模型。在这些案例中，云计算和开放资源工具可以帮助较小的金融机构进行风险分析并通过应用预测性分析支持分支机构的监测。

机构或许通常在金融机构数据中应用分析去描述、预测、提高业务绩效。具体来讲，应用分析的领域包括：

- 企业决策管理；

- 营销最优化和营销混合分析；

- 网站分析；

- 销售人员规模和最优化；

- 定价和促销模型；

- 预测科学；

- 信用风险分析；和

- 诈骗分析。

技术组，如统计、数据挖掘、计量经济学、业务分析、可视化技术及其他，是高需产品，因为它们为从数据中生成有用的信息提供了坚实的基础。学术机构已经开始尝试着填补供需缺口，开展不同种类的研究项目，研究用于挖掘可操作信息的下一代技术，比如所谓的数据科学家。

成功应用并收获数据的能力在大数据策略中至为重要，借助分析和流程管理，金融机构在收获过程中可以从数据中获得真正的价值。采用目的明确的"自上而下"的方法得到可操作信息时，定义使用案例和假说非常重要。

虽然这种方法目的非常明确，很多时候金融机构还是要做一些初步工作才能进行数据探索分析，甚至才能接近上始于大数据的使用案例。这种初步的"自下而上"的方法是确定并使用案例并将其放在首要位置以支持大数据概念验证（PoCs）的先决条件。

可操作信息在实现战略目标，尤其是在为客户创造价值、消除过程中的浪费方面起到积极作用时，真正的价值才得以产生。

分析可以用于收获不同领域的数据，比如：

- 营销；

- 风险；

- 投资组合分析；

- 经营等。

下一部分会更详细地考察这四个领域。

营销优化

数据分析有助于进行战略营销决策（比如确定总体营销花费、为汇集了很多品牌投资组合分配预算，营销组合）。它还能从得到客户见解方面从战术上提供支持。这有助于掌握最佳信息，盯住最佳潜在客户，在理想的时间实现高平均成本效益，这多亏了移动银行恰在其位。

营销从一个发挥空间大的过程演进到数据驱动的过程。营销部门利用分析法：

- 定义如何开展活动；
- 确定活动的结果或效果；
- 引导投资决策和以用户为目标；
- 进行人口研究、消费者细分、联合分析，以及针对大量的用户购买、调查的面板数据的其他分析方式，来真正理解并交流营销策略。

门户分析允许市场营销人员在网站上收集互动的对话级信息。这些互动为网页分析信息系统提供追踪推荐者和查找关键词、IP 地址和客户或项目活动等信息。运用这些信息，市场营销人员可以提升营销活动，网站创意内容和信息基础设施。

与大数据联系起来在市场营销中经常使用的分析技术包括：

- 线上活动；
- 市场营销混合模型，或者电子或传媒行业通常所指的归因模型；
- 定价和促销分析；
- 客户分析，比如细分；
- 网页分析和网站最优化；
- 销售人员最优化。

所有这些技术现在都与更传统的营销分析技术结合使用。

风险分析

使用信用评分目标是预测个人的违法行为。评分用来评估每位申请者的信贷价值并对其进行分级从而处理贷款申请。金融机构使用预测模型降低个人客户风险评分的不确定性。

商业分析支持投资组合分析。这种情况下，金融机构收集到价值和风险各异的账户信息。这些账户的持有者可能在社会地位（富有、中产、贫穷等）、地理位置、净值以及其他一些因素上有所差异。金融机构必须在信用交易的回报和违约风险之间良好地平衡。

挑战在于如何对投资组合整体进行评估。最小风险的债务人是富有的客户。有钱人数量有限，通常他们并不需要从金融机构借款。然而，有很多前来借款的穷人风险很大。因此需要收益最大化和风险最小化之间实现平衡。分析方案可能把时间序列分析和许多其他问题结合起来，促进金融机构作出决定什么时候放贷给这些不同借款者，或确定向投资组合中不同分层收取的利率，这些利率用来覆盖每一层中的损失。

操作分析

操作分析包括但不限于（其中有些内容重叠）：

- 客户互动时发生的一系列事情；
- 临时服务，网页个性化等；
- 诈骗或信用评估；
- 大多数自动定价机制；
- 大多数自动风险分析；
- 算法/高频交易；
- 通常被称为"次优行动"的那些。

用最简单的定义来说，操作分析作为操作业务流程的一部分完成。调查分析取决于研究的速度，而不是操作业务流程的速度。这里存在几个临界案例，一些情况下分析非常紧急，另一些例子中调查则更自然。

大数据与移动银行

有一项研究大数据与移动银行关系的调查，结果非常有趣。

客户流失和签约已经成为大多数金融机构首要关注的问题之一。好几个实证研究和模型证明流失是企业价值最大的摧毁者之一。大多数金融机构注意到大数据战略的重要性。在谈及理解消费者时，很多金融机构仍旧不知道如何有效评估利用自己的数据提高消费者忠诚度，减少摩擦。

调查表明：

- 约44%的金融机构声称他们没有利用大数据的合适资源；
- 68%的金融机构说一对一的定制化的产品提供是或者将会是他们大数据战略的重要推动力；
- 76%的金融机构说欣然接受大数据的动机是提高客户签约、维持和忠诚度；
- 71%的金融机构承认他们必须更好地理解消费者，以及分析大数据能帮助他们做些什么，从而提高他们的上限；
- 55%的金融机构认为对数据的实时监测会为他们带来竞争优势，而数据的批次处理并不是很有效。

金融机构可以给他们的客户带来极佳的用户体验。他们可以超过支付深入到交易的核心，从而向客户和商家创造价值和意义。这样，客户就可以使用任何设备任何价值上的金融机构基础设施；在既有安全性和便利性的条件下，真实的或虚拟的或有信用评级的。用这种方法，移动银行成为金融机构的"门面"而非金融机构金融脱媒的工具。

如果金融机构的客户不断向外流失，机构就处于非常脆弱的状态。金融机构拥有一些非常有用的数据。数据帮助这些机构更好地理解客户需求以及客户的兴趣所在。通过迅速地找到某种方法获取并使用数据，

同时与消费者就如何帮助他们更好地掌握金融服务进行讨论，比如通过
选择性加入计划，金融机构可以极大地提高客户维持率，并且提高从每
位客户那里获得的利润。这样才能在移动银行的竞争中获得胜利。

大数据质量

大数据和分析法对于理解客户变得越来越普遍和重要，数据质量也
成为一个巨大的挑战。Experian QAS 调查了 300 家 ICT 企业和垂直工业
的商业领袖，并发布了一份白皮书，一些主要结论列举如下：

- 平均而言，机构收集到的 25％ 的数据是不准确的；
- 82％ 的受访者说他们所在的机构有专门致力于提高客户理解的
  分析部门；
- 43％ 的受访者承认他们不能保证日常经营使用的信息精确。

如果机构不能解决数据精确性这个问题的话，他们永远不能充分意
识到数据和分析的潜力，为了提高数据质量，Experian 的研究建议机构
把所有部门的客户记录连通，提高全渠道的数据处理过程，确保他们能
从第三方获得精确的信息。

监管部门也对金融机构的数据使用给予了越来越多的关注。例如，
意大利银行在最近的指导中强调了数据管理的重要性。

实施

大数据解决方案包括新一代的软件和基础设施建设，基建的目的在
于提高相对大体量、多种结构和非结构性数据信息的速度，最终为了向
客户和企业提供更高的价值。这需要通过更快速的数据捕捉、发现和分
析实现。根据 Norvarica 的研究，有能力从大数据的潜在价值中获利的
金融机构的企业文化往往有一点共同之处，领导信奉分析技术以及根据
分析的结果行动。所有的金融机构都应该采取行动培养这样的文化，如
果它们还没有这样的传统的话。

关键是从概念验证入手。在概念验证中，ICT 对使用大数据环境很敏感，它提高数据的抽取转化装载（ETL）的速度，在使用大量非结构性数据的传统数据环境下，这个过程耗时良久。这种改进能够使机构克服当前处理数据的困难，达到服务水平协议的要求。

开发一套成熟的商业使用方案以满足业务的战略目标，这对于金融机构来说非常重要。此外，C 级执行人员强有力的后援也是必要的。这不仅对于融资非常关键，对于对外介绍交流包括合伙人和供应商在内的整个机构的目标和需要也很重要。

从人力、工具、技术和基础设施方面，虽然最初的范围和投资或许非常小，但对于这方面的建设应该有一个长期的眼光。ICT 和商业之间的合作需求十分迫切，这样才能逐渐尝试并驱动可行观点的产生，实现对大数据正确的应用和收获。然后金融机构可以通过这次成功获得更多融资，用于下一阶段和/或案例。

金融机构在认识并理解要在商业活动中应用大数据之后，需要用精益和数字化的方法改进现有流程。对于以下方面来说这是必要的：

- 考虑到数据的"种类"；
- 数据"真实"；
- 提高"数量"；或
- 对实时"速度"的要求提高；
- 帮助客户和机构得到目标驱动性可操控的价值。

如果金融服务机构能够建立以事实为基础的文化，学会如何利用大数据的力量，从大数据中收获有价值的信息和见解，他们很可能建立起自己的竞争优势，并积极对他们的品牌和上下线带来积极影响。

结论

创新是成功的关键。新的发展给金融机构带来充足的机会，创新包括产品、流程、组织和商业模式等多个方面。

　　在移动银行中，大数据对于提供个性化的体验至关重要。金融服务机构正在朝这个方向努力。然而，这个过程需要加速。移动银行和云计算的结合未来能够进一步简化流程，使大数据的益处以更快成本更低的方式显现出来。

结　论

将来，金融机构需要在以下四个方面继续创新：

- 产品（服务）；
- 流程；
- 组织方式；
- 商业模式。

本章逐个对这几个方面进行了论述并尝试预测我们对未来的期待。

产品创新

未来的金融机构会更加个性化和定制化。如今，金融机构发现自己受制于陈旧的技术系统。这些系统过于庞大冗杂、记录杂乱，不能迁移到现代系统中。金融机构不能寄希望于客户一直忍受这种落后的系统。

新技术和监管会使客户能够更方便地更换它们使用的金融机构，这是金融机构改革的一个动力，金融机构开始为客户提供定制化服务，如运用大数据处理和分析技术基于行为对金融服务定价。金融机构对那些使自己能获利并/或更可信的企业提供更优惠的价格，让这些企业满意并保持忠诚。私人金融管理平台会提供完美的数据集，以落实这项新的服务模型。

未来的金融机构会成为身份和安全中心。如果客户愿意为某项服务埋单（现在的确存在），这个客户一定把金融机构看作它们的电子资产的数据柜。

增值移动服务的潜在收入相当可观。Cognizant 和 Monitise 的一项研究表明，金融机构通过提供个性化的客户体验和先进的移动钱包服务能够实现移动银行的全部潜力。这项研究调查了超过 700 名客户，他们来自不同的美国金融机构，涵盖了不同的年龄段、年收入、性别、种族、教育水平和员工背景，目的在于理解他们对移动银行的期望、新出现的趋势和当前以及未来的需求。

客户正在越来越期待金融机构能提供随时随地支持所有设备的定制化用户体验、购物和社会特征和增值服务，从而提高他们的移动生活方式的水平。这项研究称，对于金融机构来说，这代表了一个提高客户忠诚度、吸引新客户、创造更多收入的新机会。

这项研究的主要发现包括以下方面：

- 随时随地、支持所有设备的能力：客户追求更强大的功能和更多的选择。这与客户利益和行为的划分密切相关。远程支票存款利息和反常账户活动的实时提醒服务是导致客户更换金融机构的重要因素。

- 定制化的用户体验：这项研究 41% 的受访者相比于智能手机更倾向使用平板电脑，60% 的平板电脑用户倾向在平板上使用移动银行服务，这表明平板电脑成为一项独特且重要的用户界面。现在客户出于不同的目的同时使用手机和平板两种设备，期望移动银行的特征最优化，分别与两种设备的外形相适应。75% 的接受调查的客户认为重排账单等个性化特征和功能也非常重要。这种灵活性给金融机构带来一项竞争优势，并有助于维系客户。

- 更好的购物和社会体验：客户希望他们的金融机构提供更好的购物和社会体验。相较于其他移动支付中介，他们更倾向于金融机构提供的服务。金融机构在客户的移动设备上提供折扣和商户邀请，从而增加移动支付。客户对使用有移动银行 apps 和网站的社交网络获取新产品信息、分享观点和提供建议等也持开放态度。

- 增值服务：客户追求能够提高安全性、简化移动支付和能够提供花费和账单支付分析的服务。他们愿意向这些产品投资。超过三分之一的被调查的客户愿意为如生物特征识别等前沿的安全功能埋单，接近30%的受访者表示愿意为移动支付能力付钱。

流程创新

移动领域的技术进步，如5G和改进的设备展示，很可能改进当前的情形，并进一步扩展并提高无线服务消费。

数据输入或许仍然是移动金融服务消费的瓶颈。我们可以期待这个领域出现重要变革。金融机构可以使用近场通讯、条码机或者照相手机降低负担和已经认识到的客户的不确定性，通过把打印出的账单上的账号、索引号、总数和到期日复制到手机中提高便利程度。客户只需要接受或拒绝支付。

远程存款服务（Remote Deposit Capture，RDC）是一款允许用户远程电子存款的移动产品。客户对支票正反面拍照并通过移动银行APP上传照片代替支票原件。对于企业客户来说，这个解决方案非常有意思。关于这项产品，《FFIEC SR09 - 2 号指导》给出了一个不错的整体描述，不过这项指导重点在于企业客户。

想象技术可以减少80%新客户必须录入的数据。生物统计学运用面部和声音识别技术，会变得越来越普遍。语音指令会更加可获得也更加可信。几千年来，人类通过文字进行交流。这种方式会减少，用于这种交流方式和处理过程的设备数量也会减少。可穿戴设备会越来越普遍。

这些创新的流程需要额外的监管分析和执行。最重要的是确定应用的责任规则，以及最终清除数据、图像、声音的方式。

组织方式创新

随着远程用户的增加，金融机构的传统组织形式前台和后台对于提供服务而言会变得越来越不足。现在越来越多的金融机构有三个逻辑水平。他们与构成金融服务部门标准基础设施的三个领域相对应（见图 C. 1）：

- 前台办公室是交易端。它提供的所有服务都以客户为中心，这些服务可以在与客户沟通后由中间操作员进行，在更多情况下，由客户自己执行。这与渠道直接相关并且会变得越来越自动化。
- 中台办公室确保交易的控制和进程。它是客户端（前台办公室）和运作端（后台办公室）的结合点。中台办公室包括所有以供需最佳匹配为目标的活动。移动银行和网上银行的广泛使用使中台更为相关。
- 后台办公室是运作端，由所有产品导向的服务构成，并不需要与客户联系。
- 中台办公室是加快前台办公室操作的重要环节。同时，它还使后台办公室的录入更清晰明了。

图 C. 1　三个层级的金融机构流程分配

从战略经营的角度来说，金融机构的组织方式创新是以下几个方面的动力：

- 以客户为中心而不是以产品为中心；
- 通过多渠道与客户沟通，随时、随地，以任何可能的方式；
- 精简的前中后台办公室；
- 流程管理高度融合电子化技术；以及

- 企业与 ICT 结盟。

商业模式创新

MatteoRizzi 在 2013 年公开发布的一篇博士论文里主张金融机构发展那些看起来与银行无关的业务。

除了关于客户愿意消费哪些新银行服务的问题外，也可以进行对客户不愿意支付哪些服务进行一些合理的猜测（或者至少对那些未来客户会花更少的钱的服务）。

把同样的问题放到放贷端就更为容易了。除了 Zopas 之外，众筹、P2P 借贷和信用补偿领域还有很多初创企业。在这种情况下，如果机构 A 是机构 B 的债权人，并且同时欠机构 C 的款，而 B 对 C 也有欠款或者情况相反，那么各方只需支付发票净额即可，这样货币的转移规模变小，从而节省交易费用。

未来的金融机构服务与一个对创业更友好的世界相适应。这个特征源自：

- 全球范围内更便利的客户接触；
- 与需求相匹配的计算能力；和
- 一些规模发展到能够损害过去使用的模式的非传统玩家。

金融机构为了生存并发展，不仅要提供传统产品，还要进入现在与他们完全不相关的市场。一个成功的例子是 CIC，一家法国金融机构，几年前开始销售手机和相关的服务。现在它在这个市场上已经占到相当大的份额，并且使用移动银行服务的客户率在法国市场也名列前茅。

换句话说，创建移动银行生态系统非常重要（见图 C.2）。例如，金融机构决定使用客户数据向他们的客户提供一些优惠服务和开展营销活动。

事实上，在金融服务业有个观点非常受欢迎，客户使用移动银行的关键在于向他们提供有针对性的、适时的优惠服务，这能够吸引客户用手机支付。许多人还相信这会使金融机构在移动支付系统中具备较为明显的优势，因为金融机构拥有并可以对数据进行处理，发展相关的业务。

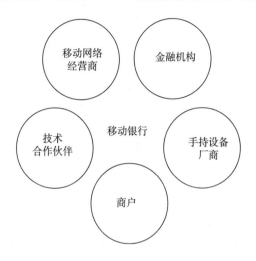

图 C.2 移动银行生态系统

Ngdata 和 Clear2Pay 最近发布的一项调查结果显示，80％的金融机构认为通过提供有针对性的营销活动，移动钱包对于客户来说会更有吸引力。四分之三的受访者说他们所在的金融机构对于通过这些服务促进企业和他们的客户之间的商业活动会很感兴趣。

这些营销活动背后的数据决定了这些服务有多大吸引力以及他们支持的移动银行倡议有多成功。一些金融机构已经意识到这一点，并开始寻求利用客户数据（比如大数据和分析技术）推动营销和电子商务活动发展的新方法。

OP‑Pohjola，一家芬兰的银行，对他的客户进行了一项调查。调查结果强调消费者对于了解他们账户状态的诉求，忠实的客户希望能够更方便地使用智能手机消费。根据客户的反馈，OP‑Pohjola 进行了一项大胆的尝试，建立了同时益于芬兰的客户和零售商的一种新的购物体验。

如果银行服务对银行来说是一场愉悦的意外，那么积极且丰富的反馈有点反常。OP – Pohjola 同时也在开发客户建议的新的 Pivo 特色和服务，例如，在移动应用和移动支付数额中引入忠诚度方案。

向客户提供关于当前金融形势的实时信息是个有用的办法。然而，如果金融机构能把金融数据和 GPS 技术结合起来，那他们不仅能够提供与传统金融机构相关的增值服务，还能应对非传统竞争者带来的威胁。例如当地提供的定制化或者特色服务。智能手机或平板电脑会给客户发送信息，提示他距离最喜爱的商店有两个街区，这家商店正在对客户喜欢的牛仔裤品牌推出打五折的促销活动。智能手机还能作为支付工具使用。用智能手机代替借记卡或信用卡也为金融机构使用 NFC 和无线电技术以及新型金融服务给出了答案。

ICT 服务提供商 Mahindra Satyam 为了应对使用数据的挑战，提升消费者服务，采取了一种不同的方法。所有现在能够使用的用于提供相关服务的客户数据通常被许多机构瓜分了。电信运营商，金融机构和银行卡网络对于同一个客户都有不同的数据，把这些不同机构的数据结合起来就能产生比其他任何机构基于自己数据提供的服务更相关的产品与服务。

Mahindra Satyam 牢记这一点，设计了一个名为"全球载波间移动商务"平台，可以把来自不同机构的数据整合到一起，向移动客户提供产品与服务。平台连接了发行者、移动网络经营商、支付处理商、商户和银行卡网络。

如果消费者对移动数据的使用强烈依赖于消费者数据，金融机构必须马上搞清楚他们想怎样使用给自己的数据参与移动支付空间，与谁合作。如果他们愿意共享数据的话。

最后想象一位有好的创意的企业家，一项从机构合并到金融机构账户到信用支付设施什么都传递的金融机构。这非常有意思。在潜在客户成为真正的客户之前理解他们，这是金融机构现在能够做到的最简单、最创新、回报也最为丰厚的事情。